AQUARIUS

AQUARIUS

AQUARIUS

AQUARIUS

Vision

一些人物，
一些視野，
一些觀點，
與一個全新的遠景！

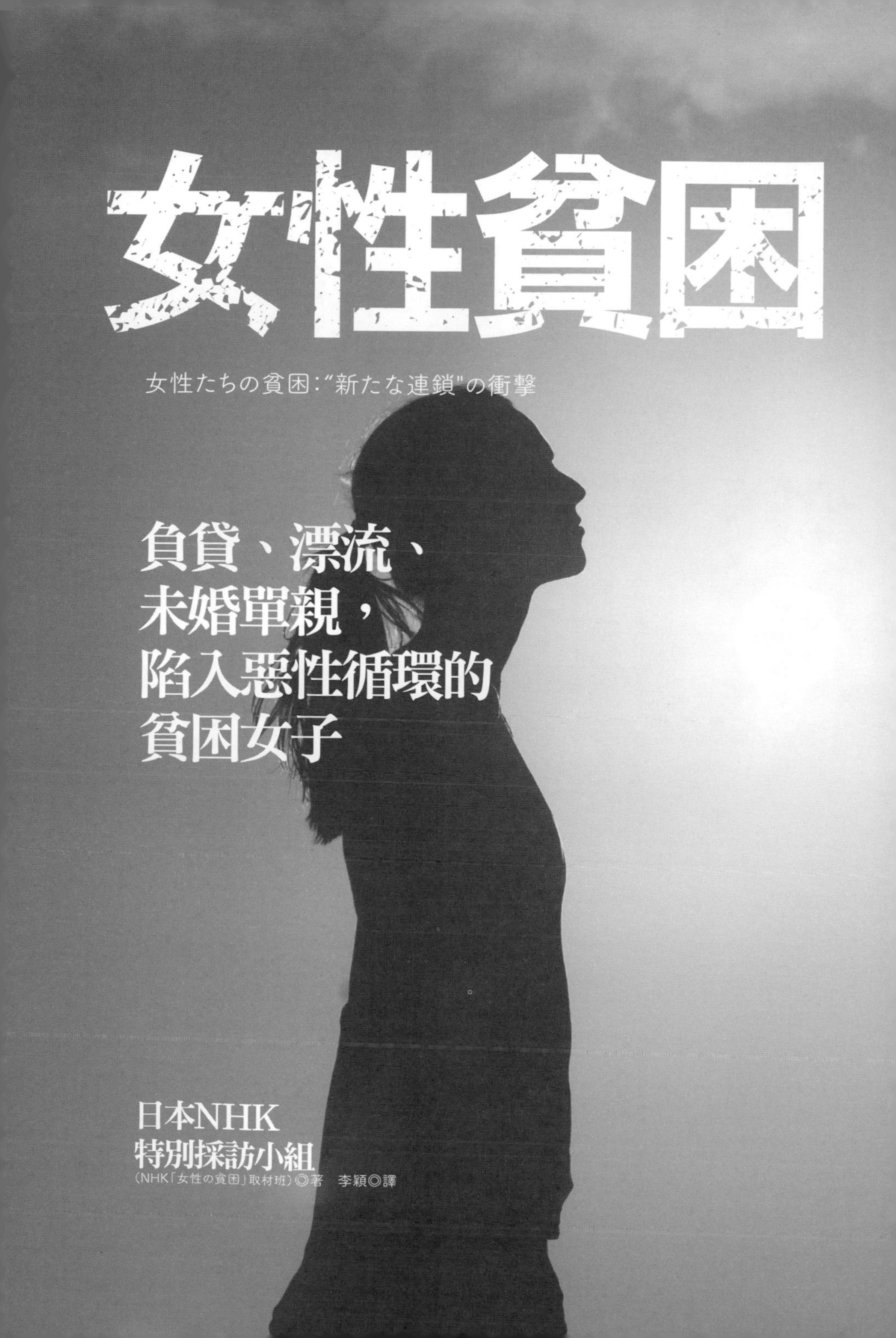

女性貧困

女性たちの貧困："新たな連鎖"の衝擊

負貸、漂流、
未婚單親，
陷入惡性循環的
貧困女子

日本NHK
特別採訪小組
（NHK「女性の貧困」取材班）◎著　李穎◎譯

20位重量發聲，齊心推薦

——別以為「與我無關」，社會是相通相連的

（依姓名筆劃順序排列）

【專文推薦】

王玥好（勵馨基金會執行長）

林立青（《做工的人》作者・工地監工）

張烽益（臺灣勞動與社會政策研究協會執行長）

【強力推薦】

大師兄（《你好，我是接體員》作者）

王婉諭（立法委員）

王順民（中國文化大學社會福利學系教授）

王慧珠（彭婉如文教基金會執行長）

朱剛勇（人生百味共同創辦人）

何素秋（家扶基金會執行長）

呂秋遠（律師）

李佳庭（芒草心慈善協會社工）

杜瑛秋（財團法人台北市婦女救援社會福利事業基金會執行長）

范國勇（現代婦女基金會執行長）

覃玉蓉（婦女新知基金會祕書長）

賀照緹（導演）

馮燕（國立臺灣大學社會工作學系教授）

黃克先（國立臺灣大學社會學系副教授）

黃淑英（台灣女人連線理事長）

鄭國威（NPOst公益交流站共同創辦人）

鄭麗珍（國立臺灣大學社會工作學系教授）

【推薦序】

女性貧困，是勵馨無數服務對象的寫照

文◎王玥好（勵馨基金會執行長）

《女性貧困——負貸、漂流、未婚單親，陷入惡性循環的貧困女子》書中採訪報導的內容，不僅在日本，臺灣其實也真實發生著，是勵馨無數服務對象的寫照。

書中對貧困做了重新詮釋，不僅是我們直覺印象的沒有錢，更是指壓榨、漠視、孤立，以及教育、資訊等各項資源的匱乏，這使得她們身處社會底層，儘管奮力掙扎，仍難以脫困。

這讓我想到有次陪同一位年輕女性，到法扶（法律扶助基金會）尋求法律諮詢的經驗。

按例，法扶會先評估其經濟狀況是否符合受扶助資格。當時這位年輕女性描述自己及男友有穩定工作與收入，因此工作人員評估她不符合受扶助資格。離開諮詢室後，我問：「你的真實經濟情況如何？」發現她其實是負債狀況。但為何剛才會如此回答？她說：「我要面子呀。在不認識的人面前，怎好讓人看到我見不得人的那一面。」我才理解困頓中的人為了維持自己僅存的尊嚴，可能外表打扮光鮮亮麗，不符一般對貧窮的想像，因此不會有人主動伸出援手；另一方面，他們對於尋求社福資助的相關知識及能力也很匱乏。

在貧困家庭裡，教育機會與學習意願皆被剝奪，陷入惡性循環，形成貧困的僵化，尤其要斷絕父母的精神操控是最困難的事。

在勵馨的少女中途之家，我們也常看到類似情形。少女在中途之家的輔導、陪伴下，學會自立能力；我們結案了，讓少女返家，未料其後的追蹤，發現原生家庭的父母反而是拖累少女的負擔。

一直以來，臺灣的兒少安置政策以兒少輔導為主，鮮少著力在原生家庭的功能重整。在父母幾無改變的情況下，兒少回到原生家庭，很容易成為替代性父母角色，無法獲得家庭滋養，反而被貧困的環境搾取養分。

隨著科技進步，社群媒體不斷地拉低賣身的門檻。毫無戒心的女孩，逐漸成了成年人的犧牲品。不必去所謂的紅燈區，性產業近在咫尺，已經到了觸手可及的地步。

臺灣在《兒童及青少年性剝削防制條例》中，極力去防治這個問題的惡化。然而讓我吃驚的是，書中提到日本已有從工作、育兒援助到居所，一條龍服務的「性服務派遣公司」。猶記二十年前，臺灣八大行業一條龍服務是指集合各式各樣的服務樣態，讓「消費的顧客」有多元化的選擇，而日本業者進化到以「受僱者」為中心的一條龍服務。

隨著少子化、高齡化日益嚴重，加上勞動人口減少，政府的解決策略就是提高女性的勞動參與率。對於不得不工作的單親媽媽們來說，工作、育兒援助到居所，是生活中不可或缺的三大要素。若要指望政府，得同時跑好幾個部門、辦理各種手續。可是日本「性服務派遣公司」，將生活所需要的環境與支援全都一步到位。性產業形成一張非常密實的安全網，相較於公部門服務的斷裂，可說是社會保障的潰敗，「性產業成為年輕女性們求生的最後希望」這個諷刺的現實，刺激我們應好好尋思改進社會保障制度。

在此，我們必須要認知到女性貧窮的本質與型態在後工業社會中已經不一樣了。因此，政策思維應該從過去以男性養家和濟貧的思維，開始轉以將貧窮視作個人生命歷程的轉銜階段，讓個人可以順利地度過這些轉銜階段，並納入社會投資的三個功能：流動、累積和緩衝，進行政策思考。

勵馨服務與本書提及的社會問題現象多所重疊，從早年不幸少女安置輔導、受暴婦女庇護及未預期懷孕少女待產服務，逐步發展少女培力、中長期安置及青少年父母支持服務。在長期從事婦幼保護工作中，深感被害人保護服務的不足，也發現政府的服務委託方案化的結果，使得服務斷裂。

現階段，我們應該要協助個人在生命歷程的各個階段中，能夠順利地轉銜；協助個人在生命歷程中，盡可能地減少斷裂，即便斷裂，也可以盡快地透過不同的積極性政策彌補起來。能夠在知識經濟體系中，同時達成有效地促進經濟與就業成長以及降低所得不平等，以同時達成經濟效率和社會公平，並強調「預防」，而非「修補」。

因此，勵馨正積極思考發展性社工服務，希望從女性培力、就業、住宅及資產累積，進行服務規劃。

此書揭露的年輕女性處境，更加深我們要加快腳步、更全方位構思防治策略。如何讓這些負貸、漂流、未婚單親，陷入惡性循環的貧困女子再次擁有希望與夢想，是勵馨無可推卸的使命。

【推薦序】

沒有未來的女性

文◎林立青（《做工的人》作者・工地監工）

如果你沒有好的家世背景，背著負債，做著養不活自己的工作，逐漸消耗掉對未來的熱誠的同時，也沒有任何希望——這種生活還能更糟嗎？能。如果你是女性的話，實際狀況更糟：你所能遇上的男人靠不住；隨處可見的低階工作靠不住；無法運用在職場的學歷靠不住；難以解釋過去失敗的社會福利靠不住；連政府配發的社會福利住宅都可能以男性為戶長，而將你趕出去。

情況還可能更糟糕：如果懷孕，很可能遭到拋棄和分手；若生下來，則是在育兒時發現自己孤獨一人。單親帶著孩子的女性，多半只能靠不斷地打工來維持生計，唯一可能給這樣的女性工作機會的，卻又是充滿汙名化的性產業。

很難想像這本書中的故事出自於日本，但這幾年，日本記者們紛紛採訪這類型的貧困議題，讓我知道這是真正的狀況。本書是記者們經過真實採訪後所寫下。記者們甚至在後續追蹤的過程中，發現社會的輿論並非聚焦於如何幫助，而是加強指責這些面臨困境的女性「不檢點」、「不懂得照顧自己」、「價值觀有問題」。

這種指責，其實來自於不夠理解。

面對嚴重的社會問題時，官方多半是以數據進行管理，真的出現無法處理的狀況時，則稱之為個案。不過在貧窮的議題中，所有個案所遇到的問題其實都是「通案」。人們總是傾向用簡單、有效的方法來一次解決社會問題，卻忽略了這些問題之所以嚴重，正是因為無法用單一的方法來解決。本書的內容因此有閱讀及討論的價值，因為夠深入，所以更能引起討論。

造成貧困的原因有許多，例如過去曾遭遇創傷，而只能選擇提早離家的年輕女性，沒有技能，沒有資本和學歷，只能仰賴短期的性工作來謀生，這都顯示出社會缺乏短期的庇護安置資源，對於女性的保護也不夠友善。

女性在面對懷孕時，需要更多的支持系統和照顧資源，政府卻在此時幫不上忙。記者們採訪了NPO組織「嬰兒籃」以後，才發現許多女性在看不到未來的生活中意外懷孕，連自己身體的變化都遲鈍起來，等到發現懷孕時，已經無法墮胎。

書中，讓我最震撼的一句話來自於從事性產業的小花說：「即使女兒將來走這一行也無所謂。」

在社會沒有給予機會和希望的環境下，性工作的經營者卻提供了托育、生涯規劃、理財諮詢、同事之間的關心，以及僱主對於這些女性精神及工作表現上的寬容。性產業的老闆並非真的要改善她們的處境。經營者盤算的是托育及住宿的服務可以吸引女性願意投入這個產業。這些為了讓女性能夠上班所衍生出來的附加價值，卻可能是經濟弱勢者唯一可以接觸到的社會溫暖。

NHK的記者們試圖將這些案例曝光在社會大眾眼前時，卻發現指責來自於各種認為「可以有其他選擇」的聲音。這些指控多半表示她們可以選擇求助、可以前往其他組織，或者認為可以繼續找其他工作。記者們雖然也說這些女性有精神困擾及服藥的狀況，卻得不到同情。

這顯示出弱勢者其實需要更多人關注。許多求援的管道和條件令人卻步，她們在看不到未來下，又更怕遭到拒絕以及政府部門的冷漠。

而這些質疑和說明，可能正顯示了這些女性面臨社會環境時，深埋在心裡的巨大痛苦。

相較之下，臺灣的狀況其實好不到哪裡去，女性的就業率偏低，非典型就業和時薪制度的工作更加普遍；即使缺工，也沒有反應在薪資上。疫情爆發以後，許多行業瞬間將女性優先裁員。而臺灣的生育率更是比日本還要低迷。

看完這本書以後，令我更加難過的是這本書完成於二〇一四年，卻完全可以預言到臺灣現在的二〇二一。

這世界上最需要幫助的人，通常礙於各種原因而找不到求助的管道，即使在日本也一樣。讀了這本書後，我們可以用同樣的眼光，看向臺灣。

【推薦序】

解決女性貧困問題的希望在哪裡？

文◎張烽益（臺灣勞動與社會政策研究協會執行長）

日本國家的公共電視NHK居然會自挖瘡疤，揭露光鮮亮麗外表下，日本年輕女性的貧困現況。其媒體作為社會良心與守望者的功能，不得不羨慕日本納稅人有如此的公共媒體，敢於挖掘不為人知的社會問題，讓一般民眾能夠坐在家中沙發，便感同身受這實際且普遍存在，日本女性貧困的困境。本書就是NHK的採訪小組把採訪個案的人生故事，整理成鮮活但令人觸目驚心的文字。

日本的女性貧困，或者說日本整體的社會貧窮問題，必須放置在日本正式的企業僱用體系的高度秩序性脈絡下來省視。日本企業的終身僱用體制雖有調整，但依然是主流。在日本，企業固定於每年的五月初招收新人，而且僅限當年度畢業的學生。若錯過這個梯隊，以後就少有成為正式員工的機會窗口。因此，日本大學生如沒有面試到工作，通常就留級一年，隔年再戰面試。如果不幸，畢業之年度遇到經濟不景氣，企業大幅縮編招募新人，那該年度畢業生就生不逢時，不幸地淪為被犧牲的一代。

二〇〇八年發生了造成七人死亡的「秋葉原無差別殺人事件」，凶手就是在畢業當時因日本經濟不景氣，無法進入商社的穩定僱用市場，而成為派遣工。因工作不穩定，情緒低落，在網路上宣洩情緒而被酸民霸凌，導致其真正被公司解約後，就對社會心生極度不滿，而到東京秋葉原鬧區犯下無差別殺人的慘劇。

根據本書的調查，日本每年只有百分之六十五的大學生能夠趕上這個就業梯隊，其餘的就只能一輩子在非典型就業市場的不穩定僱用中過活，或是自行創業謀生。而且日本企業求才是只看學校，不看科系，大銀行僱用法文系或理工科畢業生是稀鬆平常，只要是名校生都優先錄取；進公司之後，名校出身者都資質聰穎，慢慢訓練、培養。因此，日本年輕人擠進大學、「一試定終身」的競爭壓力是比臺灣更加嚴重的。

在日本這個高度講究大學名校出身、企業內上下階層、前後輩分明的就業市場，一旦無法擠進大學，或是擠進大學後，錯過當年度的就業梯隊，抑或是就職後因故退職，都將被逐出正式的穩定僱用與保障的就業市場，而成為非典僱用大軍的一員。而女性正是最容易因為結婚生子、照顧年長父母、背負上一代的家庭負債，被迫放棄學業等種種原因，而掉出正規就業市場的。本書中的每個女性貧困個案，都能得到印證。

女性因為背負傳統養兒育女與照顧家庭的角色，造成經濟自主性大受影響。在臺灣，根據二〇二〇年主計總處的「人力運用調查」顯示：該年度本來有工作，卻因結婚、生育而停止工作者有八千人；因照顧十二歲以下子女而停止工作者，更有一・五萬人——總計這二・三萬人全都是女性，沒有一位男性。由此可見，女性因婚育而大量退出職場的現象依然很嚴重，男性則幾乎不受影響。臺灣女性依然被緊緊地黏著在家庭照顧者的角色當中。

也因此，目前我國女性勞動參與率為百分之五十一・四，雖然已經是近年新高，不過，依然遠低於男性的百分之六十七・一。至於女性受僱者的平均薪資則僅有男性的百分之八十五・八，雖然比起十年前的百分之八十二已經有所縮小，但依然有很大的進步空間。

就像日本一樣，臺灣的女性一旦無法進入正式穩定僱用，或是中途從中退出，那麼只能進入不穩定且低薪的部分工時、臨時性與人力派遣工作，也就是通稱的「非典型就業」。

根據主計總處二〇二〇年的「人力運用調查」，女性在部分工時、臨時性與人力派遣工作占總就業者的比例為百分之七・〇八，高於男性的百分之六・九七；其中，女性的總就業者當中，有百分之四・八九從事部分工時的工作，而男性僅有百分之二・七從事部分工時工作。至於整體部分工時工作者四十二・一萬人當中，女性就有二十五萬人從事部分工時工作，占了百分之五十九・三；男性則僅有十七・二萬人。

女性除了要面對工作上的不穩定與低薪之外，從本書當中的許多日本個案可發現，許多人當亟欲脫離原生家庭的暴力或困頓時，就亟欲建立一個新家庭來尋求未來希望，但時常在早婚或未婚生子後，又遭到男性遺棄，而在必須單獨扶養子女的經濟重擔之下，陷入雙重家庭貧困漩渦，不可自拔，承擔著心理與生活經濟的雙重壓力，而走上人生絕路或精神失常，時有所聞。相信在臺灣也有很多相似的故事，只是依然窩在社會的底層角落，沒有被報導、挖掘出來而已。

在臺灣，還有一群更被社會遺忘的族群，就是已經離婚而單獨撫養子女的外籍配偶。根據內政部統計，二〇二〇年一年，就有六千多名中國籍與東南亞籍女性外籍配偶離婚。她們必須在臺灣沒有親屬網絡的支持下，隻身扶養子女，因此，難以進入穩定的工作受僱。若要在臺灣自行開業，其自有資本不足，又必須冒著孤注一擲的龐大創業風險，非常容易陷入生活貧困。

臺灣女性貧困問題的解決，必須將社會強加於女性的傳統家庭照顧者角色，透過社會集體的力量來共同分擔，以結構性的改革，方能有所改善。特別是女性一旦陷入單獨承擔家庭責任之下，自身為了拯救父母、子女或配偶的未來，犧牲自己的人生，而陷入難以解脫的貧窮困境。

或許臺灣也需要一本臺灣版的《女性貧困》，來引發社會輿論的重視，這樣對於陷入貧窮流沙的女性，才會有重見希望與光明的一天。

【前言】

「我哪裡還有什麼理想啊。」

文◎戶來久雄（NHK報導局科學文化部副部長）

「我哪裡還有什麼理想啊。硬要說有的話，就是想擺脫眼前的困境，不用再擔心餓肚子吧。」

這是一個十九歲女孩的心聲。她生長於貧困家庭，靠著時薪較高的早、晚時段打工以維持家用，同時就讀函授高中。

我們對於在年輕女性當中，日益嚴重的經濟貧困問題展開採訪，並於二〇一四年一月，在「現代特寫」（Today's Close-Up）[1]節目播出，主題為「看不見明天——日益加劇的年輕女性貧困」。

這些女性，有些雖然正值青春，卻因為貧困而不想結婚生子；還有獨力扶養兩個小孩的單親媽媽，在精神與經濟上皆孤立無援，所以有時會擔心萬一自己有個三長兩短，孩子怎麼辦。不過，她們之中的大多數人儘管經濟拮据，卻在服裝和髮型上頗費心思，因此，乍看之下與一般女性沒什麼兩樣，完全想像不出她們有多貧困。

掙脫不出貧困的單親媽媽，轉而投入性產業討生活。為了滿足這些女性的需求，有些夜店（「夜店」一詞有多重涵義，但本書中特指性交易場所或部分以性交易為目的的場所，以下同）甚至備有托嬰及幼兒園、宿舍等設施。夜店與從事性工作的女性之間，形成一種依存關係。

諷刺的是，在政府援助難及之處，「性產業」竟然成了她們生存的最後一絲希望。如此的現實景況，專家們評為「社會保障體系的潰敗」，並且引起大眾的強烈回響。節目組的網頁點擊量驟增到六十萬次，是平常的七十倍。

1 編註：「現代特寫」（Today's Close-Up）為ＮＨＫ的長壽新聞節目，針對重大議題做專題報導。一九九三年開播，資深主播國谷裕子主持。二〇一六更名為「現代特寫＋」（Today's Close-up Plus），調整為主持群。

「我的情況完全一模一樣啊！」
「在這種情況下，不可能生小孩！」

節目播出後，收到的留言，也都是相同年齡層女性的類似心聲。

●

NHK的「窮忙族」系列專題報導播出至今已超過八年，為當代社會普遍存在的貧困問題敲響警鐘。年輕女性今後是社會的支柱、未來孩子們的母親，在她們身上，究竟發生了什麼狀況？帶著這個疑問，我們為「現代特寫」的續集：「女性貧困——代間傳遞效應」專題報導展開採訪。

●

「不管哪個時代都有窮女人啊。」
「變成單親媽媽，不是該怪她自己嗎？」

「女人啊，不管怎麼玩，最後結了婚，靠老公養就行了。又沒有責任，多輕鬆！」

這些都是我在節目播放當中和播完後所聽到的。我忍不住懷疑說出這些話的人，是否好好觀察過現實狀況。

在調查過程中，我們採訪了各行各業的專家，並獲得詳細的數據。其中，有專家指出：「高學歷女性的就業選擇範圍，現在確實擴大了。然而，低學歷女性的工作機會反而變得更少。」

工廠遷到國外，導致生產、組裝的職缺減少；資訊處理與業務外包，導致會計缺額也變少；而接收這些求職女性的服務業，忙於降低人力支出——正是由於產業結構的這些變化，迫使不具備高學歷與工作技能的女性陷入貧困。

對於不瞭解實際情況的人而言，無情的話講起來很容易。正因如此，我們在深入調查的同時，盡量以數據展示其影響。

當然，貧困問題不僅限於女性。然而，長期以來形成男性優先的企業文化，導致大多數女性無論在就業機會或待遇上，都處於不利的地位，這一點毋庸置疑。而隨著晚婚普及，部分女性不得不以曾經被當成「零用錢」的收入過日子。

如果對這些窮困潦倒的女子置之不理，會對社會帶來什麼樣的影響？透過採訪，我們深切體會到貧困一代傳一代，「代間傳遞」的嚴重性。

由於種種原因而成了單親媽媽的女性，在經濟支援不足的情況下，會將貧困傳給下一代。貧困家庭出身的孩子剛踏入社會，就已經輸在人生的起點，所以有人無論如何掙扎，也擺脫不了窮困。我們實際接觸過許多這樣的案例。

●

二〇一二年，日本的兒童貧窮率達百分之十六・三，單親家庭貧窮率達百分之五十四・六，兩者同為已開發國家之最。

對此，政府也不是毫無作為。二〇一三年制訂了《兒童貧困對策法》，將「預防兒童貧困」視為中央與地方政府的義務。二〇一四年八月，內閣會議通過實施綱要，主要內容有四大項：一、擴充獎學金、增加課後輔導等教育援助；二、為離開育幼院的兒童提供住所，保障監護人的最低生活標準，提供生活援助；三、協助監護人就業；四、提供低收入戶與兒童扶養補助等經濟支援，以維持生計。今後，我們將繼續關注具體的實施情況。

●「不是不想生小孩，是沒有條件生呀。」

節目結束後，我們收到了剛步入社會的年輕女性回響。

這次的採訪調查，主要是想揭露女性貧困的真實狀況，然而，問題不僅如此。大部分工作穩定的高學歷女子也會面臨一個問題：如何才能夠兼顧工作與生子。隨著愈來愈多女性踏入社會，她們將面臨「繼續工作？還是生孩子？」的抉擇。這樣的掙扎，直接影響到國家未來的走向。

現今社會，這種「女人啊，不管怎麼玩，最後結了婚，靠老公養就行了」的想法，已根深柢固。如此的認定，不僅是貧困議題，更可說是各種女性問題的共同癥結。

本文開頭介紹的女孩，為了擺脫生活困境，立志要做幼教老師，並已考入幼教專校。她的學費都是靠就學貸款支付。雖然前路依然困難重重，但是她沒有放棄希望，令我們感到欣慰。

對於身處困境，卻不放棄希望，繼續掙扎著尋找出路的年輕女性們，我殷切地期盼本書能夠助其一臂之力。

第一章 看不見的貧困

目錄

第二章 非典型僱用

第三章 單親媽媽的艱辛

第四章 「性產業」成為生存的最後希望

目錄

第五章 懷孕與貧困

第六章 代間傳遞效應

目錄

第一章　看不見的貧困

文◎村石多佳子（ＮＨＫ報導局記者）

年輕女性，往往被認為與「貧困」沾不上邊

到目前為止，還沒有人將「年輕女性」與「貧困」一詞相連結。

對於女性來說，十五、六歲到二十五、六歲，正是人生最耀眼的一段時光。人們認為外表光鮮亮麗的她們，大部分在幾年後就會結婚，並且安穩地過日子。因此一般人會認為，年輕女性是與「貧困」最不相干的一群人。但是在現代社會，已經有人指出在年輕女性背後，「看不見的貧困」。

由於我們過去有採訪兒童受虐問題的經驗，因此，電視臺這次決定讓我們負責採訪貧困女性。

在日本，每年有五十名左右的兒童受虐致死。

厚生勞動省的專家團隊每年都進行相關調查，而根據調查報告，在導致兒童死亡的凶手中，親生母親的比例超過百分之七十（二〇一四年「社會保障審議會」第十次報告）。

而兒童受虐致死的家庭經濟情況，低收入戶與非納稅家庭占百分之三十五。從孩子生母的就業情況來看，無業者超過百分之七十，臨時工、約聘員工占百分之二十，正式職員不到百分之十[2]。

由統計數據可見，父母因素導致的不安定家庭環境，正在對孩子們產生不良影響。相關因素包括：父母因離婚或未婚而成為單親，年輕且沒有經濟來源，無業或僅是臨時工等情況。

2 譯註：典型僱用是全職的長期僱用，一般為薪水月結，有不菲的退職補償。非典型僱用主要是部分工時、臨時性與人力派遣工作。中文「臨時工」一詞有比較廣的涵義，本書中特指零工。

每當發生兒童受虐身亡事件，媒體便大肆報導慘況，網路上則罵聲一片，說那個母親是「魔鬼」、「沒人性」。雖然譴責加害者是可以理解的，但如果僅當作個人因自身原因而釀成的慘劇，就無法防止類似慘案再度發生，也無法從根本上解決問題。

正在培育下一代及今後將為人母的年輕女性們，究竟處於怎樣的經濟環境與就業環境？若母親的生存環境不穩定，那麼，孩子又怎麼會健康成長？

此外，除了虐待致死，在我們看不到的地方，還有許多孩子遭受不當對待。因此，我們更應該關心無法在穩定環境下養育孩子的年輕母親們，究竟面臨著何種困境。

恰好在二〇一一年，「國立社會保障與人口問題研究所」的阿部彩女士公布了一項數據：處於工作年齡的二十至六十四歲單身女性，每三人當中，就有一人陷入貧困。至今為止，有許多關於單親媽媽的貧困統計，但以「單身女性貧困」為主題的數據很罕見。而這項數據所指「每三人當中，就有一人陷入貧困」的女性，實際生活狀況到底如何？我們打算把這一切具體呈現給大眾。

【家務、打工、自繳學費的重擔】

友美．19歲

——「我最想要的就是擺脫現在的狀態，但期待愈高，失望就愈大。」

調查開始後不久，我們就遇到了十九歲的友美。

打扮有點男性化的友美很靦腆、寡言，顯得比實際年齡更加稚嫩。但是我們的提問，她都認真回答，並遵守約定的時間，可見她是個做事有原則的人。

友美成長於單親家庭。父親在她小學一年級時去世了。現在她與四十多歲的母親及兩個妹妹，一家四口租住社會住宅。

友美在國中畢業後，考上了四年制的函授高中。我們剛開始採訪她時，她即將高中畢業，正在考慮今後的升學出路。

她的母親在瓦斯公司的客服中心工作，但患有慢性病，有時會因身體不適而臥床不起。因此，家裡的收入不穩定，生活窘迫。

為此，友美完全沒想過向母親要生活費與學費。所有的學費都得靠自己，她只能在自己的經濟能力範圍內選擇學校。

她從上高中後，就開始到便利商店打工賺錢。為了控制工作時間以便兼顧學業，她設定打工的收入為平均每個月五萬日圓左右。而到了暑假等較長的假期時，她就選擇在時薪較高的早晨和晚上，一天上兩班。

這筆薪水，主要用於繳付自己的餐費、電話費和學雜費等支出。為了幫母親分憂，她每個月還從拮据的收入中拿出一萬日圓貼補家用，替妹妹繳電話費或借錢給母親。

因此，友美幾乎沒什麼存款。有時在發薪水前，連電話費都繳不起。每個月總有幾天，手機會被停掉，每當這時，她都會事先告訴我：「從今天開始，我的手機不能用了，有事請與我母親聯絡。」

在家裡，長女友美是主要的勞動力。她從國中開始就帶頭洗衣、做飯和打掃。上高中以後，上學、打工、家事的輪番作戰，令她體力透支，常常都是把便利商店不要的便當包回家，給妹妹們當晚飯。

我問友美，除了這些便當以外，她還吃什麼。她說：「有時吃泡麵，有時買點麵包湊合一下。」

打工很辛苦，當她回到家，往往已筋疲力盡，所以更想早點睡覺，吃飯不是最重要的了。她一天的飯錢控制在五百日圓左右，很多時候一天只吃一餐。

友美同時也是妹妹們的精神支柱。妹妹們還在念小學時，學校有事情，都是跟友美聯絡；她們生病時，她還會向自己的學校請假去照顧妹妹。

上國中的妹妹因為在學校受到欺負而拒學，目前是去當地一間專為不上學的孩子開設的「自立援助教室」。友美非常掛心大妹。為了不讓大妹感到孤獨，她在放學後或打工回家時，經常去探望妹妹。

友美・19歲：「我最想要的就是擺脫現在的狀態，但期待愈高，失望就愈大。」

「我的理想是能過普通的家庭生活。」

其實友美還有一個大四歲的哥哥，國中時，曾經與友美一起分攤家裡的擔子。但不久前，哥哥一個人離家了。他也在便利商店打工。

也許是累積了太多對生活的不滿，他在離家之前的那段時間，經常大發雷霆。他們家現在還留有當時的痕跡——儘管已是寒冬，廚房裡，被踢碎的玻璃窗依舊殘缺不全，冷風不斷從缺口處颼進來。

我問友美，她是否會像哥哥一樣，高中一畢業就離家獨自生活。她立刻回答說：「我從沒想過要離開家。妹妹還小，而且我也離不開家人。」友美的語氣說明了，她已經在無形中把自己當成這個家的支柱。

我問友美，她理想中的生活是什麼樣子。她沉默了一會兒，仰望著天空，說：「我哪裡還有什麼理想啊……我最想要的就是擺脫現在的狀態，不用為了打工而摸黑早起，早上能夠在正常時間起床、上班，傍晚按時回家。期待愈高，失望就愈大。我只要偶爾感到小小的幸福就夠了。」

她的理想只是過普通的家庭生活。她那被日常生活所驅趕、已經無力去展望未來的眼神，讓我留下了深刻的印象。

父親突然離世，使一家五口淪為單親家庭

友美的母親年近五十，在瓦斯公司的客服中心負責接電話，工作分為白班、夜班與數天一次的住宿值班，非常辛苦，而且還是臨時工。

丈夫在世時，她不用外出工作，主要是料理家務。丈夫突然離世後，由於與夫家的親戚關係不睦，她便帶著幾個稚兒搬到別的地方。身為母親的她，不僅是毫無預警地突然變成單親，就連居住環境也發生天翻地覆的變化。扶養四個孩子的擔子壓在她的肩上。

她在婚前雖然上過班，但之後十幾年一直是家庭主婦。當時要再次回到社會工作，

友美，19歲：「我最想要的就是擺脫現在的狀態，但期待愈高，失望就愈大。」

她的心情可想而知。

像友美家這樣，身為家庭支柱的男主人因生病、事故等原因離世或無法工作的例子，隨時有可能發生。婚後進入家庭而長期與社會脫節的女性，想要再次踏入社會，並不容易。她們既沒有勞動所必需的知識與技術，也跟不上時代變化，需要很長一段時間去重新適應。

友美的母親透過協助單親家庭就業的機構幫忙，接受職業訓練，學的是婚禮策劃，在聽了半年的講座之後，考取證照。但是，她找不到合適的工作，職訓與就業並未連結起來。

母親回憶，找工作時最大的問題是自己超過三十五歲了，而且孩子們都還小。她感嘆地說：「雖然上班的年輕女性也很辛苦，但是三十五到四十幾歲的單親媽媽，完全是被各種工作機會排除在外啊！」

要創造女性可以兼顧工作與照顧孩子的環境，仍只是一廂情願的想法。除了這次採訪外，我們另外也聽說許多單親媽媽在面試時，由於公司提出不能因孩子的事情就突然請假，而不得不另覓他處。許多單親媽媽身旁沒有能託付小孩的人，所以一旦孩子生病、發燒，就不得不請假。但是，能夠體諒單親家庭這種情況的公司不多。

友美的媽媽也碰過這種釘子。她原本想當正式職員，卻沒被錄取，只能賣保險，打打零工。由於收入不穩定，即使加上單親家庭的補助，生活也十分拮据。

非正職一般是按小時計算薪資，沒有做，薪水就會變少，而且很難享有與正式職員相同的福利。

為了成為幼教老師，每個月借十萬日圓學貸

在第一次採訪之後，時隔半年，我們再次見到友美。即將高中畢業的她為了以後能當一位幼教老師，決定報考幼教專校。

她原本想成為牙科的護理師，但由於學費太貴而放棄。很喜歡小孩的她最後選擇當幼教老師。「常聽新聞說在缺幼教老師，而且幼教老師生產完之後，還可以再回來上

友美，19歲：「我最想要的就是擺脫現在的狀態，但期待愈高，失望就愈大。」

班。」她經過整體考量後，做出這個決定。

從四月份開始，友美將騎自行車去上幼教專校的夜間部。夜間部對經濟有困難的學生提供優惠，入學金只需要五萬日圓[3]。不過，雖然入學金便宜，每個月的學費卻需要八萬日圓。

為了繳學費，友美除了計畫打兩份工賺錢，還不得不向學校辦理就學貸款。學貸分為有息與無息兩種。友美的學貸是有息的，貸款金額可從每個月三萬、五萬、八萬、十萬和十二萬中選擇。剛開始，她想貸五萬日圓，不夠的學費就靠打工來填補。

畢業工作後，每個月要加上利息來償還學貸。以男、女性都計算在內，幼教老師的平均薪資是每個月二十一萬三千日圓多一點，年收入在三百一十萬左右（二〇一三年「日本工作情況基本統計調查」）。與普通企業平均年薪四百一十四萬日圓（二〇一三年「日本民間薪資實態統計調查」）相比，幼教老師的平均年收入少了一百多萬日圓。

許多女性都立志成為幼教老師，但這份工作的重大責任及所付出的體力，皆與薪水不成正比。因此，要靠這點微薄的薪資還每個月的學貸，負擔不小。

友美難以決定要借多少學貸，便與母親商量。母親說：「上學後，各種人際往來多了，假如因為沒有錢而跟朋友疏遠也不太好。剩下的錢不要花，把它存起來，不要過得太拮据。還是借十萬日圓好了。」

我在一旁聽到母女倆的對話，深深替友美擔憂。實際上，以幼教老師的待遇，將來即使工作了，生活也不一定寬裕。許多大學畢業生一邊工作、一邊還學貸，也是不小的負擔。

我說出這些現實面，並提出忠告，但最後，久美還是決定借十萬日圓學貸去上學。

3 譯註：日本大學的費用分為入學金和學費兩種。入學金是一次性費用，學費按學期繳納。

在貧困家庭裡，「教育機會」與「學習意願」皆被剝奪

年僅十九歲的友美，在家庭裡扮演著各種角色。面對記者的採訪，她表情不多，非常淡然。只希望像普通人一樣生活的她，為了生存，幾乎竭盡全力。學校也是靠她自己爭取來的，將來還得負債上學。

在現實生活中，與一般家庭的孩子相比，貧困家庭的孩子不得不縮小升學的選擇範圍，即使有各種專科學校、短期大學和一般大學的選項，他們也拿不出這筆費用。貧困家庭的孩子們，在各個層面上都失去了受教育的機會。友美也是其中之一。我看了她國中時期的影片，在夏令營、畢業旅行等需要花錢的學校活動中，都看不到她

的身影，由於經濟因素，這些活動她都無法參加。

此外，在單親家庭裡，孩子得負責家務、賺錢貼補家用，許多人根本沒有餘力上學。友美就是沒有考上她想念的普通高中，只好讀函授學校。她說在她念的那所函授高中裡，有很多朋友的境遇與她相同。

據說在非全日制和函授制的高中裡，學生的學習能力與上課態度都很有問題。在這些沉痾已深的學校裡，大部分學生的家庭環境都不好。事實上，這次我們在採訪東京近郊的這類學校時，便發現每五名學生當中，就有一人出身於低收入戶家庭。老師們也都深切體認到，學習能力與經濟條件密切相關。

我就遇到這樣一個女孩，為了賺錢貼補家用，她在飯店打工到半夜，早上起不來就曠課，學習跟不上，連畢業都成問題。這樣的孩子，有不少人在畢業之前便中途辦退學。他們的家人往往對教育和學歷重要性的瞭解不夠，也不勸阻孩子，而放任其發展。

由此，我們可以看出一個現象：家庭經濟狀況不穩定的孩子們，陷入了惡性循環的漩渦裡，而背後原因便是貧困的僵化。

斷絕父母的精神操控是最困難的事

為了切斷貧困連鎖，日本各地針對貧困家庭的孩子們，積極展開了協助。

對於繳不起補習費的低收入戶和經濟有困難的孩子，不少大學生與退休教師進行義務教學，並在各地廣設免費的學習教室，其中的大多數機構志在讓這些孩子考上高中。

如今連大學畢業生也很難找到工作，國中畢業生所面臨的狀況可想而知。終究，學歷會直接影響就業情況，而低學歷是遭社會排斥的主要原因。為了經濟獨立、擺脫貧困的僵化，至少要幫助這些孩子考上高中，並拿到高中文憑。

在一些問題深重的高中裡，考大學的人數不到一半，另有一半以上的學生畢業後，選擇去工作，所以「保障就業」也是這些學校的任務之一。負責升學指導的老師說，為了學生的未來，以往即使是貧困家庭的孩子，學校也會勸他們借學貸上大學。然而，如今考慮到學貸對畢業後的人生造成的負擔，學校不再刻意鼓勵他們考大學。

有些校長會親自走訪當地的中小企業，託其僱用自己學校的學生。另外，為了讓公共職業安定所（Hello Work）[4]介紹的企業僱用本校學生，有些學校還配有就業協助人員，從個人簡歷的寫法到面試的細節，對學生進行詳細指導。這項措施頗見成效。在現實中，這類學校不僅提供教育，還提供了未來的可能。

所有的策略都是為了讓孩子們不脫離社會，盡力織成一張從學校到社會的安全網。但是，這些為了切斷低收入戶家庭貧困連鎖所提供的援助，很難順利讓當事人接受，常令工作人員陷入兩難窘境。孩子從小就看著父母即使不工作，也有一定的收入，因而不明白為什麼要工作。所以必須從一開始就告訴他們勞動的意義，激發他們

4 編註：公共職業安定所類似臺灣的就業服務處。

工作的意願。

此外，即使順利找到工作、有了固定收入，他們也很難逃脫來自父母的操控。據說有不少父母竟然阻止孩子自立，有人指望靠孩子的收入過活，有人為了阻止孩子離開，甚至故意破壞孩子與援助人員之間的關係。只有斷絕這種來自父母的控制，特別是經濟上的關係，才能讓這些孩子邁出擺脫貧困的第一步。

但是援助人員說，這一步是最困難的。雖然他們積極勸孩子必須與父母保持一定的距離，但做子女的終究難以棄之不顧。獨立之路究竟要怎麼走？實際推動時，得費一番口舌，才能讓孩子理解親子分離的重要性。

社會應該善待努力奮鬥的年輕人

友美給我看她父親在世時的全家福照。她的父親結婚較晚，因而格外寵愛孩子。照片是親戚們聚會時拍的，父親面前的桌上擺滿了高級料理，四個小兄妹圍繞在旁，笑容滿面。這是一張看起來非常幸福的全家福。

然而，幾年之後，父親過世了。工作、家務、育兒，所有的事情都壓在母親一個人身上，母親很快便心力交瘁。漸漸地，她失去一家之主的動力，把家裡的所有事都交給孩子們。對於當時還是國中生的友美和哥哥、妹妹們來說，要扛起一個家有多麼不容易。

不知不覺地，家裡變得一片狼藉，房間也雜亂不堪。

第一次到友美家採訪時，我的感覺是這裡的時間是靜止的。這個家的人無力展望未來，每天為了生存疲於奔命，整個家沒有向前的希望……失去像父親這樣的支柱，這在每個家庭裡都有可能發生。社會機器中一個齒輪的變化，便會輕而易舉地製造出貧困。

四月份，友美如願進了專校，為了當上幼教老師，繼續努力念書。

開學不久後，她辭掉便利商店的工作，改去一家大型連鎖牛丼餐廳打工。這家餐廳曾因工時過長等苛刻條件而引發勞資問題，九月時，不得不縮短深夜的營業時間。看到這則新聞，友美的臉上露出了笑容。

像友美這樣的年輕勞動力，是日本的重要支撐力量。她早上五點前便出門，上完早班後，再去上學。

在太陽尚未升起的灰濛濛天色中，目送著她遠去的背影，我強烈感到為了如此努力奮鬥的年輕人，我們應該創造出一個社會體制，讓勞有所獲。

第二章　非典型僱用

文◎村石多佳子（ＮＨＫ報導局記者）、宮崎亮希（ＮＨＫ報導局社會節目部導播）

年收入不到兩百萬日圓的年輕女性約聘人員，多達兩百八十九萬人

兩百八十九萬人，這是年收入不到兩百萬日圓的年輕女性約聘員工的人數（十五至三十四歲）。

思考女性貧困問題時，我們無法迴避僱用問題。

「非典型僱用」[5]的狀況愈來愈嚴重。所有在職者之中，非典型受僱者占百分之三十八・二以上，即使對於男性來說，這也是一個迫切需要面對的問題。

然而，在非典型受僱者中，女性占了百分之七十。雖然其中包括與雙親或丈夫同

住、只想賺點錢貼補家用的女性；但也有些女性是沒有雙親可依靠，或者離異，她們必須靠這點微薄收入度日。有數據顯示，非典型僱用的時間愈長，就愈難以轉為正式職員。

儘管女性「在家從父，出嫁從夫，老來從子」的時代，已不復存在，但從單親家庭長大的年輕女孩、單親媽媽與貧窮率最高的高齡女性的現狀，仍然可見一旦「失去男人」，女性的生活情況便一落千丈。

《生活保護法》、自二〇一五年起施行的《生活貧困者自立援助法》及《兒童貧困對策法》等，協助人們克服貧困的法條原已多種多樣，這些法規皆力推的綜合政策就是所謂的「就業援助」。

由於貧困情勢逐漸擴大，而用於社會保障的財政收入有限，因此，這樣的做法也是

5 編註：指部分工時、臨時性與人力派遣工作等，不穩定且低薪的僱用形式。

必然趨勢。但是，倘若無法真正解決女性在勞動市場的弱勢地位，不禁令人質疑這些就業援助是否真能奏效。

在採訪過程中，我們遇到許多擔任約聘員工的女性（即使是正式職員，二〇一三年的女性平均年收入也才三百五十六萬日圓，男性則為五百二十七萬日圓），既不會加薪，也沒有升職，說不定什麼時候合約就被中止了，而她們只能選擇這種不穩定的工作，勉強度日。在此，就讓我們來正視她們時時刻刻如履薄冰的生活。

【在夜店工作，想要補回高中畢業證書的單親媽媽】

美紀・27歲

——「我的願望就是有一天當孩子有想做的事，我能不用在乎錢，大方地讓她去做。」

雖然未能以攝影記錄下來，但是有一位女性始終令我難忘。她叫花田美紀（化名），二十七歲，與女兒住在東海地區。我們是透過一所函授學校的介紹而認識的，那所學校的學生主要是想報考護理學校。

聽說在報考護理學校的女性中，許多人是因為離了婚，帶著孩子，所以想找像護理師這類的穩定工作。對於要照顧小孩的媽媽來說，比起特地上補習班學技術，還是在家裡函授上課更方便吧。憑著推測，我聯絡上一所中等規模的函授學校。

「你是要找生活困難的女人嗎？那要多少有多少啊！」校長在明白我的來意後便立刻答應了。

許多女性為了改善眼前朝不保夕的生活，想要考取真正能「吃飽」的護理師證照。但即使是函授課程，教材費也需要幾十萬日圓。她們當然沒有能力一次付清，許多人得分好幾年繳付，有人甚至連想用分期付款也沒辦法，因為她們已經上了信用卡公司的黑名單。為了將來，她們全都是從少得可憐的生活費中，一點一點地忍痛擠出學費。

花田美紀也是其中的一員。

她在出租專用的破舊三層樓公寓租了一間套房。所在的城市臨海，距離東京大約兩個多小時的車程。

「小孩在我媽那兒。請隨意坐。」美紀迎接我們。

她看起來青春美麗，寬鬆的帽T加上短褲，妝容精緻，完全想像不到她的孩子已經上小學了。

也許是嫌打掃麻煩，客廳略顯凌亂，但整體看起來也還好。我和美紀隔著一張矮桌席地而坐，談了將近兩個小時。對於接受採訪，她並不感到為難，反而好像已經看開了一切。

從出生到現在，美紀從未離開過家鄉。國二時，她開始變得不愛念書，漸漸地成了問題學生。雖然還是念了高中，但因為不明白上學有何意義，她在高一下時就辦了休學。之後，靠著在速食店和夜店打工，養活自己。

快二十歲時，美紀懷了男友的小孩。男友比她大十歲，沒有固定工作，而且不久後，她發現男友有幾百萬的負債。在這種情況下，對於能否把孩子養大，她深感不安。可是在產檢時做超音波，看到寶寶健康、可愛，她還是決定把孩子生下來。

男友因為美紀懷孕的關係，向她保證今後會踏實工作，她也相信男友會為她們母女負責，決定與他登記結婚。美紀的父母為兩人出了租新房的押金與搬家費。

然而在孩子出生後，丈夫仍是老樣子，三天兩頭失業不說，還沒日沒夜地玩吃角子老虎，最後他們窮得連水電瓦斯費都付不出來。原本打算專心顧家和照料孩子的美紀，不得不回到之前上班的夜店重操舊業，但是，就連僅有的這一點收入，也都馬上被丈夫揮霍一空。

美紀．27歲：「我的願望就是有一天當孩子有想做的事，我能不用在乎錢，大方地讓她去做。」

她對丈夫心死，決定離婚。她也曾想過要告丈夫，要求他付精神賠償費和孩子的扶養費。但從丈夫的收入來看，能拿到的錢根本不值得她打一場官司。於是她決定和丈夫一刀兩斷。

一開始，美紀想得比較簡單：只要找到一份正職，收入足以讓孩子學點興趣、才藝就好。不過現實狀況是，沒有公司願意聘僱一個高中沒畢業、還帶著孩子的女人。

「我去面試了不知多少家公司，每天都在面試。我說孩子萬一生病了，父母會來照顧，可是沒有人相信。」

求職三個月後，她找到在塑膠加工廠的辦公室行政工作，月薪十三萬日圓左右，每個月會上下浮動。年金和醫療保險，公司不負責，她連每天開車上班四十分鐘花的油錢也不能報銷。待遇絕不算理想，但有公司肯用自己已經是謝天謝地了。

每個月的薪水加上育兒津貼，生活捉襟見肘。美紀還需要更多錢，於是只能每週幾天到夜店打工。至少要讓孩子讀到高中，所以她得存夠今後的教育費。此外，她想報考護理學校，首先要戰勝的是曾被稱為「大檢」的高中同等學力認證考試，拿到合格證書。為了這場考試，她以分期付款，大約花了三十萬日圓購入教材。

「我萬萬沒想到，從高中退學會讓我付出這麼大的代價。我的願望就是有一天當孩子有想要做的事情，我能不用在乎錢，大大方方地讓她去做。所以，我必須得到護理師這份工作。」

「我做不到。我已經什麼都不想去想了。」

晚上有夜店排班的日子，對美紀來說就是夜以繼日地轉個不停。傍晚的行政工作結束後，她得回家做晚飯，等到幫女兒洗好澡，她再穿上夜店的蓬裙洋裝，化上濃妝，把孩子送到父母家，接著去上班。夜店的工作有時到凌晨三點左右。算起來，在夜店工作的那幾天，她有二十幾個小時都不能合眼。

「因為要開車，所以我不喝酒。但是自己清醒著，看到喝得酩酊大醉的男人會感到格外厭惡。好想早點辭掉夜店的工作。」

美紀的衣櫃裡掛了好幾件蓬裙洋裝。想像她穿著夜店的蓬裙送女兒去爸媽家的畫

美紀・27歲：「我的願望就是有一天當孩子有想做的事，我能不用在乎錢，大方地讓她去做。」

面，心裡就有一種說不出的感受。

這種不眠不休的工作方式令她透支體力，結果就是如小山般堆在餐桌上的藥袋。自從離婚後，她就一直在看精神科。最初的症狀是失眠、頭暈，以及全身出現原因不明的蕁麻疹。隨後她被診斷為恐慌症，這種病會導致突然的心悸和呼吸困難，無法從床上坐起來。最近一年的病情尤其嚴重，狀況最糟糕時，她休息了將近一個月。房間一角，為考試而買的教材依舊躺在紙箱裡。美紀已經意識到以她的狀況，想當護理師是奢望了吧。無論怎麼努力，都無法穩定地過生活，這個殘酷的現實對她打擊沉重。

在採訪單親媽媽的過程中，我們明顯地感覺到許多女性在離婚後，身心狀況都不好，其中以精神上的苦痛居多。日夜操勞的疲憊、非典型僱用或派遣員工的身分，讓她們對未來憂心忡忡，再加上由於沒有能力給孩子更多關愛的愧歉。每次聽到這些母親的心聲，我都對女性獨力扶養孩子的艱難處境感到驚訝。

而且有些人在接受採訪後，又會再一次陷入情緒低谷。不少人由於受訪之故，不得不揭開過去的傷疤，同時面對未來的巨大壓力。

「您是否想過，沒有孩子的話，可能會過得更輕鬆？」我問了一個很失禮的問題。

「沒想過。正因為有孩子，我才能努力到現在。我從來都沒想過假如沒有小孩會怎樣。」美紀平靜而堅決地答道。

採訪結束後，我們再三懇求，表示我們想透過電視節目，讓更多人知道有像她這樣的女性存在。

她回覆說：「我做不到。我已經什麼都不想去想了。」這是她寄給我們的最後一封郵件。

美紀・27歲：「我的願望就是有一天當孩子有想做的事，我能不用在乎錢，大方地讓她去做。」

【單親媽媽，「要轉正職太難了。」她說。】

晴美・年過四十

——「我別無選擇，只能拿比自己慘的人來自我安慰。」

關於隱藏在女性貧困背後的非典型僱用問題，我們繼續追蹤調查。最近採訪了一位女性，她無意間的一句話，我一直掛在心上。

她是住在關西的佐佐木晴美（化名），四十出頭。我們相約在一家新商場內的咖啡廳見面。

她是單親媽媽，有兩個兒子，分別上國中和高中。她畢業於國立大學，TOEIC多益考試有八百多分的好成績（總分是九百九十分），婚前曾是上市公司的正式職員。

由於丈夫的工作調動，晴美不得不離職，成為家庭主婦。然而在小孩出生後，她遭受丈夫嚴重的精神虐待。丈夫經常罵她「你明明就是靠我養活的」、「才沒有公司要你呢」。最後，丈夫要求生活費由他親自管理，並把錢都投入股市。錢賠光後，他們淪落到靠借貸過活的地步。

（補充一句，採訪單親媽媽時，她們多數會講到前夫，其中有許多人不僅對妻子施以身體和言語暴力，而且連孩子的扶養費也分文不出，頗令人震驚。）

晴美的丈夫在外面是個好人的樣子，但在家裡則完全是另一副模樣。晴美精神崩潰，最後不得不去看精神科。

她一直忍氣吞聲地過了近十年，最後在父母的勸告下離婚，帶著孩子回到娘家。然而，晴美的父親罹患癌症，在經濟上沒有能力幫助她，所以她很快便開始找工作。

她的英語流利，原本想靠這項專長找工作，然而事與願違，透過人力派遣公司的協助，才終於找到客服工作。為了換一份更有前途的工作，她又到一家貿易公司做行政人員，合約是三年一簽。

新工作的內容與正式職員沒什麼兩樣，有時反而責任更重，還不能拒絕加班，然而，收入卻不及正式職員的一半。晴美對於這種待遇感到疑惑，問上司能否轉為正式職員。上司卻尖酸地說：「正式職員都是考進來的。你有通過ＳＰＩ（適性測驗）[6]的能力嗎？才在這裡做了幾年就想成為正式職員，這不公平吧！」

後來，晴美受到另一位上司排擠，被迫離職。

目前她在另一家公司做貿易文書人員，合約是三個月一簽。工作雖然比以前輕鬆，但即使做再多年，英語能力也不會提升，而且還得擔心合約能續簽到什麼時候。每天她都深切地體會到自己只是廉價的勞動力。

「我別無選擇，只能拿那些比自己更慘的人來自我安慰。如果前途有望，再苦我也能堅持下去。然而，現狀卻是不管條件多麼苛刻，為了生存，只能選擇默默忍受。說到底，這個國家就是靠這些吃苦耐勞的女人在支撐啊！」

將女性封閉在貧困裡的社會結構

在非典型僱用的情況下，無論再怎麼努力，生活品質也難以提升。非典型僱用將成為既定趨勢。應該如何處理困縛了眾多女性的「非典型僱用魔咒」？在思考如何克服女性貧困之前，我覺得應該先解決這個問題。

許多人認為離婚、生子都是個人選擇，貧困是個人不夠努力的結果，這些說法也不無道理。但是普遍來說，改善女性的待遇是有很大好處的。

6 編註：SPI（Synthetic personality inventory，適性測驗）為日本通用的就業考試。

這些女性，有人身為母親，願意為了孩子而加倍努力地工作；有人有強烈勞動意願或熟練的工作技能，可說是國家的資源。為了支撐這個少子化、高齡化的社會，與其將女性當作廉價勞動力，扣上緊箍，還不如讓她們充分發揮自身能力，自立生活。

【大學畢業又如何】

小愛・24歲

——「就學貸款也是負債。我欠債六百多萬。」

社會普遍認為就算是大學畢業，找工作也很不容易。從大學畢業後的狀況來看，正式就職人數比例為百分之六十五・九（二〇一四年日本文科省「學校基本調查」）。儘管隨著經濟情況逐漸回暖，找工作的難度降低，但是，臨時工、加上既未就業也未升學（即無穩定工作）的人數，仍然超過十萬，占整體畢業生的百分之十八・六。

同時，十八歲升上大學的人數減少，但大學的數量卻在增加，迎來所謂「全員入學時代」。目前高中畢業後的大學升學率為百分之四十八・一，也就是說，每兩人中就有一人念大學。但現況是即使上了大學，也未必能找到穩定的工作。

透過在大學上班的朋友介紹，我認識了二十四歲的小愛（化名）。兩年前，她從關東地區的大學畢業。我們認識時，她正一邊打零工、一邊找工作。

小愛出生於福島的小村莊。很小的時候，父母就離婚了，她是由媽媽一手帶大的。高中時她成績優異，為了將來有安穩的生活，她離開家鄉，考入關東一所四年制的私立大學。小愛非常喜歡與人交往，所以將來想找一份跟旅遊相關的工作。為了這個夢想，大學時她選擇了旅遊專業。

她的媽媽自己做生意，靠著住在附近的雙親援助，獨力把小愛扶養長大。直到現在，母女倆還像是好朋友一樣，小愛說她們是「命運共同體」。回顧童年，她說沒錢的時候，媽媽和她的晚餐一定是雞蛋蓋飯。

小愛的大學學費是以學貸和社福協議會提供的貸款所繳。但自己的生活費，加上大學時赴國外遊學的費用等，光靠學貸根本不夠，因此，剩下的部分靠打工。

從大三到畢業的那兩年，她在學校附近的義大利餐廳當服務生、在東京巨蛋體育館當促銷員，此外，還在兩家居酒屋兼差，一天奔走好幾處工作地點。儘管忙得不可開交，但她沒有耽誤念書。她覺得好不容易上了大學，要盡可能地學到更多知識，所以她修的學分超出學校的畢業要求。

然而，她的就業之路十分坎坷。受到雷曼危機[7]後，經濟衰退的影響，小愛大學畢業時，正是找工作最困難的時期。她想當正式職員，但又不想放棄旅遊專業，所以最後決定在即將於東京知名景點設立的旅遊服務中心，當約聘員工。雖然並非正式職員，但能在知名觀光景點，做自己從小就夢想的旅遊工作，她非常引以為豪。

外出時，她總是挺直腰，一絲不苟地綁起頭髮，化上淡妝。她看起來比實際年齡成熟，說話方式也非常穩重。在知名觀光景點諮詢處工作，經常會接觸到遊客，因此，她常常蒐集附近景點的最新資料。同時，這份工作還要求儀表，所以她在化妝品上也格外費心。

7 編註：二〇〇八年，美國投資銀行「雷曼兄弟」破產，引發全球金融風暴。

小愛非常熱愛這份工作，但熬了兩年就不得不辭職，因為扣稅後的薪資入不敷出。她住在東京近郊的單身公寓裡，租金六萬日圓，從東京的物價來看，對獨居的她來說，這樣的房租算便宜。她的生活非常節省，屋內整齊地擺著幾件簡單、實用的家具。我看了一下她的冰箱，裡面幾乎沒有吃的東西。

小愛說，她一天有一杯冰咖啡就能活下去。實際上在採訪時，我有很長的時間跟她在一起，除了冰咖啡以外，沒見她買別的東西吃。

以約聘員工身分在旅遊服務中心工作的薪資，扣稅後約有十四萬日圓，由於工作不固定，所以有幾萬日圓的浮動。做了兩年，工作內容與正式職員相差無幾，薪水卻只漲十日圓。沒有獎金。而且即使一直做下去，也未必能升為正式職員。她說她還擔任過教育新員工的工作，看到自己與新進員工的薪水只差十日圓，心裡真覺得很悲哀。

在生活費中，房租、水電瓦斯費等固定支出為七萬五千日圓。此外，她每個月寄給母親一萬日圓，於是僅剩五萬日圓左右。

按理說，這些錢也勉強夠生活了，但她每個月得還三萬日圓的就學貸款，這份債務像一座大山一樣，壓在她肩上。

六百萬日圓的學債

小愛有個同鄉叫真紀，與她上同一所大學，兩人從高中時就是好朋友。大學時，真紀在卡拉ＯＫ店打工，畢業後直接當上正式職員。她偶爾會在週末時，搭長途巴士到小愛家，每次兩人都是邊喝冰咖啡邊聊天。

剛開始，她們就像二十多歲的女孩一樣，聊著電視劇、也在工作的其他朋友等，氣氛很熱鬧。但是不久，話題就轉到工作和薪水。

真紀雖然是正式職員，但扣稅後的薪水只有十五萬日圓。卡拉ＯＫ店一週上五、六天班，一天超過十二個小時，每個月休息五天，沒有獎金。正式職員唯一的好處，就是能住每個月租金三萬日圓的宿舍。

「太辛苦啦！」

「好想去喝酒，還想買包包啊。」

小愛・24歲：「就學貸款也是負債。我欠債六百多萬。」

「想歸想，但不能買。想要的東西太多了……」

「我的學貸還有五百萬要還呢。」

「我有六百萬。」

「高中時還以為馬上就能還完，想著上完大學，找一份正職，用獎金還就行了。」

「是啊，想得太天真了。」

從女孩們的談話中，不經意地跳出一個驚人的數字。

真紀的父母是做室內裝修的，因經濟不景氣，工作量銳減。真紀上高中後，學雜費等支出都是她在餐廳打工賺來的。

她說打工可以累積很好的經驗，所以她不覺得辛苦，但遺憾的是不能參加學校的社團活動。每週有五天，她在放學後到餐廳打工至晚上十點。高中時代，她就是這樣度過的。父母的辛苦，她一直看在眼裡，所以學費也沒伸手向父母要。「自己東拼西湊就上了大學。」她說，語氣間隱隱流露出後悔。

現今日本全國有一百四十一萬人靠助學金上大學，每三個人中，就有一人仰賴助學金。助學金分為兩種：一種是畢業後不需要還的免費型獎助學金，另一種是就學貸款。百分之九十的大學生申請學貸。

最近十年間，拖欠逾三個月學貸總額的情況，增加了三倍。根據提供助學金的「日本學生支援機構」（Japan Student Services Organization, JASSO）調查，近半數拖欠理由是收入低。

學貸為家庭經濟條件差的學生提供升學機會，但同時也讓許多在畢業後工作狀況不理想的年輕人，為償還學貸而苦惱。

「沒想到等著我的人生，竟然是這樣。」

小愛和真紀才二十幾歲就負債累累。兩人的話題繼而轉向對未來的擔憂。

「小愛，以前我以為你會早婚。」

「不可能，我也想結婚啊……但等我還完錢都四十五歲了，到那時候再考慮吧。」

「其實學貸也是負債。如果我說自己欠債六百多萬，對方聽了會怎麼想？」

「沒人喜歡對方背了一身債吧。」

「我也沒想當有錢人，能過著不愁錢的那種普通生活就可以了。」

「真的只是很普通的生活就行了。」

兩人都是想結婚的。她們雖然吃過苦，但是也享受到家庭的溫暖，舉止得宜，待人溫柔、體貼。同時她們有工作的意願，想必將來一定能夠建立幸福的家庭。然而，生活的困苦卻讓她們對結婚望之卻步。

正如「看不見的貧困」一詞所形容的：她們穿著得體、妝容精緻，看起來美麗動人。這樣的女孩竟然聊著「希望像普通人那樣生活」、「好想過不必在意學貸的日子」之類的話題。這讓我重新認識到貧困的一種存在形式。

兩人異口同聲地說，在懷抱夢想的大學生時代，完全沒有想到畢業後，等著她們的竟是這樣一個殘酷現實。真紀說，高中時要是知道將來是這種情況，她絕不會借錢上大學。

我問真紀，從自己現在的角度出發，有什麼想對社會呼籲的嗎？

她說：「大家常說不上大學就找不到好工作，所以我們才不辭辛苦地借錢上大學。現實卻是大學畢業了根本找不到好工作，也還不了學貸，形成惡性循環。雖說欠債還錢是天經地義的事情，但是，很多像我們這樣家裡沒錢的孩子也想念大學，希望社會能給他們一個機會。」

目標是成為正式職員，有機會提升能力

小愛離開了以約聘身分工作了兩年的公司。為了不斷炊，她又回到學生時代打工的餐廳。兩年後重回義式餐廳做服務生，時薪和以前一樣，還是八百日圓。不愧是曾在旅遊服務中心工作過，待客的應對上，她做得最到位。

雖然事情做起來很順手，她的心情卻很複雜。「都大學畢業了，我這是在幹什麼呀！原本應該是以客人的身分來這裡……」

為了能安穩過日子，小愛一邊打零工、一邊找正職。對於約聘員工與正式職員在薪資待遇上的差距，她已有切身之痛，所以想找一份落差盡可能縮小的工作。她的下一個目標是人力派遣公司的正式職員。

根據二〇一三年厚生勞動省「白皮書」所統計，超過百分之三十（二十五至二十九歲的女性）約聘員工想成為正式職員（即所謂「非自願的非典型受僱者」）。但是約聘員工、短期工做得愈久，就愈難轉為正職。

小愛不知投了多少份履歷，雖然努力爭取到面試的機會，結果卻總是不盡如人意。有相當長的一段時間，開朗的她一直情緒低落。

找工作不順利時，她曾多次問我：「村石小姐，您覺得我到底是哪裡不夠好呢？」「起薪不到二十萬也沒關係。我是非常有上進心的人，希望有公司可以用我，我的能力也有機會不斷提升。」小愛邊寫履歷、邊低聲說。

約聘員工不僅在薪資上與正式職員有差距，很多時候也會失去企業內部的培訓與能力開發的機會。現在的僱用方式，需要考慮如何才能做到不打擊像小愛這樣，有強烈工作意願的年輕人。

第三章　單親媽媽的艱辛

文◎丸山健司（NHK名古屋廣播電視臺報導組導播）

結婚也擺脫不了貧困

為了更進一步地掌握女性貧困狀況，我們四處奔走採訪。起初，我們將採訪對象定為十歲至二十幾歲的年輕女性。可是在清楚事態的嚴重性之後，我們認為這種年齡設定是遠遠不夠的，應該更深入地採訪那些孩子年紀較小的家庭，特別是經濟情況非常困窘的單親媽媽。

我們不僅要正視現今女性貧困的狀況，更應該考慮到孩子們的將來，使世代貧困循環的真相徹底浮出水面。

實際上，在女性尚未走向社會的時代，女性的貧困問題就已經存在。很長一段時間，這種狀況並沒有被重視，因為人們普遍認為即使薪水低、生活苦，但也不過是到結婚為止而已，是暫時的。至今在日本社會仍存有這種被默許的大前提：女人早晚要結婚、回歸家庭，不需要賺錢養活自己。

當然，即使在現代，婚後也是以夫妻倆的收入提高生活品質，並由雙方共同扶養孩子。如果妻子打零工、收入少，丈夫的納稅金額會因「配偶扣除額」獲得減免；若妻子是由身為公司職員的丈夫扶養，有可免除繳納年金的「第三號被保險者制度」等，這些都是對所謂家庭主婦有利的制度。因此，結婚或許可以成為女性擺脫貧困途徑的選項之一。

但是，想透過結婚成為人婦，與現實情況是有落差的。正如在第二章接受我們採訪的小愛和真紀所說的，「現在這種狀況，不會考慮結婚生子。」現今在日本，無論男女都有不婚的傾向。統計數據顯示，一九八九年後，五十歲仍未婚的「終身未婚率」，男性與女性都有增無減。一九九〇年，男性的「終身未婚率」是百分之五・五七，二〇一二年的調查是百分之二十・一四；女性也由百分之四・三三，快速升至百分之十・六一。

而且即使結了婚，等待著某些女性的也是荊棘滿布之路。因丈夫去世或離婚而形成由單親媽媽獨力扶養孩子的家庭數量，年年增加。全國共有一百二十三・八萬戶（二〇一一年針對全國單親媽媽家庭的調查）這樣的家庭，相較於一九九八年的九十五・五萬戶，大約增加了百分之三十。

無論結婚與否，女性都得獨自活下去的時代已經來臨。選擇不借助男性力量而生活的女性，當陷入不得不一個人養育孩子的境地，等待著她們的究竟是怎樣的生活？我們決定針對單親媽媽與她們的家庭情況，深入調查「貧困代間傳遞」的真實狀況。

單親媽媽是「貧困代間傳遞」的開始

許多機構和團體都提供單親媽媽援助或接受諮詢，如地方政府的社福單位、NPO組織等。單親媽媽會為什麼樣的事情前往求助呢？我們決定從經常聆聽她們煩惱的團體負責人、工作人員等，展開調查。

首先，我們採訪「東京都愛心單親家庭援助中心」，其下的財團法人「東京都單親媽媽家庭孤寡社福協議會」受政府委託，接受生活與就業方面的諮詢。會長高田伊久子和工作人員述說他們遇到的各種悲慘事件。令人震驚的是，前往求助的單親媽媽數量之多！由於經濟困難，她們和小孩每天吃不飽，連正常的生活都維持不下去。

「前來求助最多的還是經濟問題。跟父母住在一起還好，若只能一個人帶孩子，生活是相當不容易的。例如家裡連米都沒有，只能靠僅剩的麵條充飢，或是只能煮三根胡蘿蔔當菜，跟孩子分著吃，聽起來非常淒慘。還有人說現在沒有生活費，能不能借個三五千。也有人沒錢繳費，瓦斯和電被停用……因為沒有錢，實在快活不下去了。現在領低收入戶補助的單親媽媽愈來愈多，她們處於水深火熱之中。」

隨後，我們直接採訪了多位單親媽媽。大多數人的伙食費都比離婚前大幅減少。在富裕的日本，現實生活中，卻有許多單親媽媽家庭連飯都吃不飽，日子無比艱辛。在這種情況下，孩子們不可能充分接受教育，結果便導致貧困的「代間傳遞」。

每天都接觸到單親媽媽、為她們做諮詢服務的高田先生，所說的內容讓我們感受到情況的嚴重性。

「特別是二十幾歲的單親媽媽，她們的人際關係疏離，容易封閉在自己的空間裡。有人是受丈夫虐待，連衣服都來不及換，身無分文就逃了出來。她們出於種種原因而無法向父母求援，並且輕信網路的資訊，往往無法適切地照看孩子。再加上政府援助不到位，她們只能隨意將孩子託付給透過網路請來的保母。」

「女性貧困」節目的採訪大致要收尾時，坊間正熱議一則新聞：另保母殺害了他照顧的單親媽媽的孩子。高田先生和同事們認為，對於單親媽媽來說，網路上隨請隨到的保母更方便，這也反映了當事者並未得到真正需要的政府援助；再加上就業時，社會對於單親媽媽的不理解，這才是事件發生的根本原因。

「不得不做約聘工作的單親媽媽實在太多了。各家公司在這方面的認知也不到位，有些公司甚至歧視婦女，只因為面試者是單親媽媽就直接淘汰。這些媽媽因而得同時打兩三份零工，與孩子們接觸的時間也愈來愈少。母親每天只是工作，沒有時間關心小孩，這對於孩子的人格養成非常不利。另外，在這種苛刻的條件下工作，做母親的必然承受著壓力，於是孩子成了發洩對象，最後受罪的是孩子。」

這就是單親媽媽艱辛的生活與成為受害者的孩子。社會從未正視過這些單親媽媽的生活困境，導致貧困的僵化。單親媽媽的存在，正是女性貧困的象徵。

我們深感應該聽取更多單親媽媽的傾訴，揭開被社會無視的貧困真相。

首先，從真實的家庭收支狀況著手

在採訪援助團體工作人員的過程中，我們也有機會直接跟單親媽媽通電話、見面、並邀請她們參加電視節目錄影。首先，我們必須詢問收支狀況，她們是否有領取低收入單親家庭的育兒津貼，以及有沒有從前夫那裡拿到孩子的扶養費。接下來才會問生活窘況、對未來的憂慮等問題。初次見面就問對方金錢方面的問題，難免讓人有防心，但是若不問清楚，就無法繼續採訪。

所謂「經濟困難的分野」到底為何？收入在多少以下，會覺得無法給孩子美好的未來呢？首先，我想要探索她們心中的真實感受。不過，突然受訪的人會告訴我們這些事情嗎？她們會不會覺得我們太失禮？在採訪真正開始前，這樣的不安一直困擾著我們。

然而，與我們所擔心的正好相反，每一位單親媽媽都很認真地回答了關於錢的問題，因為她們希望讓大家知道單親生存的艱難與困苦，進而減少社會的不理解。

【每個月與兒子的飯錢是兩萬日圓】

小茜．29歲

——「無論如何，我都要讓孩子上大學。」

二十九歲的吉田茜（化名）也是其中的一員。我們相約在東京市中心的車站見面。進行訪談時，她的四歲兒子也坐在旁邊。碰巧那天是假日，她是在帶兒子去賞花之前，騰出時間接受採訪。我們進入一家咖啡館，她對四歲的兒子說：「接下來，媽媽和阿姨有話要說，你不要出聲音喔。」兒子聽話地點點頭，一個人在旁邊安靜地玩著。

讓我印象最深刻的是，這次採訪過程中所見的單親家庭孩子們，在我們談話期間，沒有一個人哭鬧撒嬌。當然也許是由於見到陌生人有點緊張；但更可能是因為平日看到媽媽的辛苦，年幼的心靈也不想給媽媽添麻煩吧。

小茜是一家科技公司的約聘員工，薪資按小時計算，每個月扣稅後的收入大約十六萬到十八萬日圓。此外，還有三萬日圓的育兒津貼，與每個有孩子的家庭都可以領到的兒童補助金。她是一年前離的婚，因為遭前夫嚴重家暴，幾乎是身無分文地逃出來。她連現在住的地方都沒敢告訴前夫，更別提跟他要孩子的扶養費了。

育兒津貼是發放給因離婚或配偶死亡而形成的單親家庭補助金。有一個孩子、稅後年收入在五十七萬日圓以下的家庭，每個月可領取四萬一千零二十日圓的全額補助。收入愈高，領得愈少；收入超過兩百三十萬日圓則不能領。隨著小孩人數的增加，收入限制額度也隨之提高，發放的金額會相應增加。收入是依稅後的收入計算；若有領取小孩的扶養費，則扶養費的百分之八十將被計入稅後收入中。五十七萬的稅後收入，約相當於稅前一百三十萬日圓。小茜的年收入遠高於這個數字，所以每個月只能領三萬。

那麼，小茜的生活狀況是什麼樣的呢？從談話中可看出，為了縮減生活費，她絞盡腦汁才能勉強維持現狀。

「最省的就是飯錢，每個月控制在兩萬日圓以內。以前工作時，我經常不吃午飯，就那樣挨過休息時間。即使有吃，也只是一碗八十日圓的泡麵。早餐的麵包也是自己發麵做的，這樣比店裡賣的便宜一些。」

未領全額育兒津貼，一般被認為是手頭有餘錢，但即使以這樣的收入也必須省餐費，可見單親媽媽不是普通辛苦。

單親媽媽只有能填飽肚子的最低收入，如此捉襟見肘的生活究竟是什麼樣子？從小茜的敘述中，我們逐漸看清全貌。

「每天光是要吃飽，就夠讓人頭痛了。」每個月欠的錢，只能靠四個月領一次的育兒津貼償還。「好心的朋友會給我一些孩子的舊衣服和化妝品。發薪日的前幾天，朋友會很體貼地請我和孩子吃飯。雖然覺得很不好意思，但也只能接受人家的好意。以我的收入又不能回請對方，這讓我心裡非常過意不去。」

扣掉每個月六萬五千日圓的房租、兩萬五千日圓的托育費（含延長費），再加上水、電、瓦斯費和電話費等，手頭幾乎沒有餘錢。

「我有過敏性皮膚炎，對生活用品也有一點要求，這些都需要花錢。另外，由於離婚時的精神壓力，我被診斷為社交恐懼症，可是上醫院也要花錢，所以我盡量不去。我和兒子既沒有旅行過，也沒有去過遊樂場。我們完全沒有能力存錢。」

在談話中，小茜確實神經質地眨過眼。身為母親，必須好好地扶養孩子長大成人，或許正是這種決心，才使她產生巨大的精神壓力。

「無論如何，我都要讓孩子上大學。」

小茜現在是約聘員工。在離婚前，她是正式職員，收入比現在多四萬日圓。但由於正式職員得加班、進修、考各種證照，假日也可能要上班，因此，她主動請調為約聘員工。她說這樣有時間照顧孩子，也很不錯。

但真的只有這個選擇嗎？難道成為單親媽媽，就不能繼續當正式職員了嗎？為什麼要把社會地位已經夠低的單親媽媽，逼到更加窘迫的地步？

如果還是正式職員，小茜的生活也許會比現在輕鬆一些。

最後，我們問她對今後的生活與孩子的未來，有什麼打算。

小茜過去曾在外商公司工作，英語流利。「等孩子大了，不用照顧了，我想繼續念英文，找一份能發揮英語專長的工作。無論如何，我都要讓孩子上大學。」

她的聲音不大，卻很有力量。看著在她身旁安靜等待採訪結束的孩子，我真心盼望她所期待的未來能夠實現。

透過統計資料，也可以看出在社會夾縫中求生存的單親媽媽們，面臨的經濟困境。單親媽媽的平均年收入為兩百二十三萬日圓（二〇一〇年針對全國單親媽媽家庭的調查），而小孩未滿十八歲的日本所有家庭，平均年收入為六百七十三萬兩千日圓（二〇一二年「國民生活基礎調查」），可見單親媽媽是在何等惡劣的經濟條件下，掙扎著活下去。

前面提到的小茜，稅前年收入與單親媽媽的平均收入基本相同，或許略高一些。儘管如此，無論她怎麼省，還是過得很拮据，連看醫生都不敢。更別提大約有百分之八十的二十多歲單親媽媽，一年可運用的稅後收入不足一百一十四萬。她們就是在這樣的貧困窘境中生活，看不見明天。

【養三個孩子，打四份工】

禮子・35歲

——「我盡量不去想『未來的困境』這些負面的事情。」

我們又遇到一位為了不陷入這種極端生存窘境，咬緊牙關扶養孩子的單親媽媽。她是橋本禮子（化名），三十五歲。

聽她所描述的情形，真擔心她馬上就會倒下，而孩子們也立刻要露宿街頭。

禮子有三個小孩，分別是小學六年級的兒子、四年級的女兒和幼兒園大班的兒子。

她一人帶三個小孩，同時打四份零工，每個月只有兩天不用上班。剛開始採訪時，她說經常覺得身體不舒服。

禮子在二十二歲時結婚，一直是家庭主婦，生了三個小孩。五年前離婚，原因是丈夫會對孩子們家暴。他們在半夜逃命似的離家。雖然與前夫一年見一次面，但是她沒有向他要小孩的扶養費。

禮子身兼四職，分別在援助老人的NPO機構做清潔工作和採購用品、在殘障服務機構負責寄信、在針灸治療所做整理數據的行政工作，以及為客人到府美容做臉。到府做臉完全按次數計算，一次三百日圓，外加每小時一千日圓的時薪。

她一週的日程安排得異常緊湊：週一到週五，基本上全天都在援助老人的NPO機構工作，稍有空時則到府做臉或整理數據；週末主要是到府做臉；每個月有兩次，晚上到府做臉或整理數據。工作結束後，她得趕緊騎自行車到幼兒園接小兒子、回家做飯，並照顧孩子們的日常起居。

「最累的是早上，我經常感到身體非常疲勞。而且我有憂鬱症，有時早上會躺在床上起不來，每當這種時候，孩子們都很擔心我，會主動幫忙做飯和洗衣服。我覺得與孩子們是相互扶持，共度難關。」

包括育兒津貼在內，禮子的收入約為二十萬日圓，雖然手頭很緊，但她還是每個月存一點點錢。從她的談話中可以看出，儘管收入有限，她仍與孩子們踏實生活著。然而，在問起她是如何養育孩子時，我們才知道，這個家是她一省再省才勉強撐起來的。

禮子是這樣形容三個孩子的未來和現在的生活狀況。

「老大參加學校的足球社，最近他說將來想當足球運動員，可是釘鞋等花費真的很貴。以前他說過想補習，我不停地告訴他實在負擔不起，讓他斷了念頭。但是在他上高中之前，我一定會讓他上補習班。另外，為了方便聯絡，家裡擺了一支手機，主要是女兒在用。她說過想換成現在流行的智慧型手機，我就直接告訴她買不起，讓她放棄了。」

禮子每天都在這種滿足不了孩子願望的焦躁中。

我們問她，現在的處境，是否令她對社會感到憤怒。她靜靜地說：「我盡量不去想『未來的困境』這些負面的事情，因為這會讓我更痛恨把單親媽媽逼到這地步的政府和社會。」

禮子雖然扶養三個孩子、打四份工，但她一點也不喪氣，與孩子們共同認真地面對生活挑戰。

為了讓孩子瞭解錢的重要性，他們每次協助洗衣、做飯，都會得到小費，例如幫忙做一次飯是十日圓。想必這十日圓之中，還包含了母親感謝孩子們在逆境中，與自己一起奮鬥的心意吧。我們也衷心期盼孩子們能充分明白母親的心意，健康長大。

【就算是單親孩子，也進不了幼兒園】

沙織・29歲

——「以後的生活不知道會怎麼樣。」

在四處採訪單親媽媽時，我們遇到一位正面臨「待入園兒童」[8]問題的母親，她的小孩進不了幼兒園。在調查過程中，我們聽說了就算是單親家庭的小孩也很難入園。

8 譯註：此處指的是排隊等待被幼兒園錄取的孩子。

單親媽媽一個人又要上班，又要照顧小孩，而孩子竟然進不了幼兒園，真令人無法置信。這也讓我們深深體會到「待入園兒童」問題的嚴重性。

二十九歲的古川沙織獨力扶養兩歲的女兒。二〇一四年一月，她從東北地區的一個小鎮搬到東京郊外的小鎮。

她是在關東結婚，婚後擔任營養師，同時照顧孩子，與丈夫三人一起生活。然而，丈夫出入色情場所成癮，她對此無法接受，不久便離婚。之後，她帶著女兒回娘家，但是找不到與營養師相關的工作，於是再次回到東京。

在舊家時，沙織在藥妝店打零工。孩子上不了幼兒園也是她回東京的另一個原因——雖然報名了幼兒園，但她是打零工，並與父母同住，這種情況入園要排隊；由於父母都有工作，她必須自己顧小孩，因此也無法多打工，每天光是圍著孩子轉。這樣下去，隔年也無法入園，而她也還是找不到營養師的工作。她感到十分著急，於是決定帶著女兒到東京。

搬到東京後，透過營養師專校的朋友介紹，總算找到一份在中學餐廳的工作，從早上七點做到下午四點，稅後收入是十二萬日圓。前夫每個月會給三萬日圓扶養費，再加上育兒津貼等，每月有二十萬日圓左右的收入。

但是，女兒在東京還是進不了公立幼兒園，她只能運用私立幼兒園、NPO機構的臨時托育、單親家庭家事服務公司、家庭援助中心等服務。每個月的托育費大約六萬日圓，遠高於公立幼兒園。

在人生地不熟的地方生活，原本就有壓力。如果女兒能入園，達成她來東京的目的，壓力或許可以減輕一些。

但事與願違，導致沙織的情緒不穩，一個月得去看兩次精神科。「以後的生活不知會怎麼樣」，出於如此的隱隱不安，到了夜晚，她就會胡思亂想，常常夜不成眠，最嚴重的情況有連續四天失眠，現在也每天都吃安眠藥。

為了讓孩子將來能上大學，每個月她都會存一萬日圓當教育基金。但是如此一來，就得犧牲三餐了。離婚前，基本上是三菜一湯，現在很多時候都是一飯一菜。

自己小時候學過游泳，雖然也想讓女兒學，但是她賺得不多，接送也要花錢，就沒讓女兒去，為此，她很不甘心。

單親家庭的孩子也無法進公立幼兒園，這就是在日本養育孩子所面對的荒謬現況。

【靠政府補助念幼教學校】

敏枝・28歲

——「一放鬆，那根緊繃的弦就會斷掉，我就再也沒有力氣奮鬥下去了。」

難道單親媽媽們只能辛苦地活著，毫無脫離貧困循環的希望嗎？

對此，日本政府制訂了許多援助政策，如針對單親媽媽，有協助就業的《單親媽媽家庭就業和自立援助事業法》、根據個別案例制訂自立援助方案的《單親媽媽自立援助方案制訂事業法》等。在本章最後接受採訪的廣田敏枝（化名），就是運用這些補助來扶養五歲的小孩。

我們與敏枝是透過一個社群網站的負責人介紹認識的。這個網站主要是促進單親家長交流，並提供相應協助。

初次見面是約在地鐵站前。我們提早十五分鐘在那裡等候，敏枝準時前來。她的頭髮做了造型，打扮也像其他的年輕媽媽一樣，非常漂亮，從外表根本看不出她是要接受貧困問題採訪。

我們馬上到附近的簡餐店，開始訪談。

為了考取幼教老師證照，敏枝申請了政府的「高等職業訓練促進補助金」，念三年制的專科學校。

她從二〇一三年四月份開始上學，如今是第二年。她沒在工作，每天就是早上把孩子送到幼兒園，然後去上學，傍晚放學後，直接去接孩子回家，接著準備晚飯，照顧孩子的生活起居。

高等職訓補助制度始於二〇〇三年，目的在協助單親家長就業。

此項制度規定為考取就業證照而入學進修、且不必繳納住民稅[9]的家庭，可獲得每個月十萬日圓的補助，納稅家庭為七萬五千日圓，期限是兩年。屬於指定證照的有護理師、幼教老師等。二〇一二年，全日本有九千五百八十二戶家庭得到補助。

我們衷心期盼這項關於單親媽媽的職業技能發展制度，能夠發揮更大的作用。

帶著年幼的孩子，輾轉換工作

敏枝為什麼會想到申請這筆補助金，考幼教老師證照？聽了她的述說，我們才知道，這並非出於她想要擺脫貧困的所謂「積極理由」，而是在最小範圍選項裡不得已的決定，是一種「消極原因」。

敏枝出生於東海地區。高中畢業後，當過服飾店銷售員和花店店員。在花店，她負責婚禮場地的花朵裝飾工作。她非常喜歡花，工作也很賣力，但公司的經營狀況每況愈下。某天，店長突然離職，店裡就剩她一個人，工作無法正常進行。

後來，她投靠在東京的姊姊，不久後認識一個男人，跟他結婚了。二十二歲時，她生下小孩。

丈夫的工作很忙，每天坐頭班車上班，搭末班車回家。敏枝一個人照顧孩子，漸漸地，情緒出了問題，患了神經衰弱症10。夫妻倆爭吵不斷。丈夫不僅不一起照顧孩子，最後還出軌。敏枝幾次勸說他結束婚外情，但仍然沒有任何改變。婚後一年，兩人就離婚了。

離婚後的生活充滿坎坷。她做過好幾種工作，都轉不了正職。她並不避諱談當時的情況，反而是非常開朗地聊著，偶爾還會講兩句笑話，說話方式與說出口的悲傷內容形成巨大反差。當然，或許是她的內心比較強大，但是也看得出為了不被淒慘的過往壓垮，她在強顏歡笑地保護自己。

離婚之後，敏枝逐漸與前夫失聯，扶養費也要不到了。她必須一邊照顧孩子、一邊工作。但是她沒找到與之前的工作經驗相關的職務，如在花店學的花卉設計等。她最

9 編註：日本稅制較複雜。簡單來說，住民稅是向居住地繳納的稅金；但未超過一定所得標準者可免繳。

10 編註：神經衰弱症多發生於長期情緒緊繃、精神壓力大的人身上。患者可能會不明原因地心跳加快、肌肉緊繃、肩頸僵硬，與注意力不集中、易怒、頭痛與失眠等問題。

先找到的工作是挨家挨戶推銷大福。一盒三顆裝的大福，進價是六百三十日圓，她必須步行去賣。

回顧當時的情形，她說：「我負責埼玉縣的一處小山溝。這份工作真的很需要體力，直接去敲人家的門，每天從早走到晚。公司要求我們從這一家到另一家，一定要跑著去，最後跑得我腳後跟都裂了，還經常被客人罵混蛋，每天以淚洗面。由於進的貨必須賣掉，結果一走就走到半夜，有時連最後一班車都錯過。錢沒賺多少，生活亂得一塌糊塗，存款也直線下降。我瘦得體脂肪值掉到個位數，所以不到一年就辭職了。經歷過那麼嚴苛的工作狀況之後，我覺得自己不管什麼事情都做得了。」

敏枝很幽默地聊著這個沉重的話題。她沒有批評那家公司，也完全沒有抱怨自己的努力未獲回報。

後來，她當上一家生活百貨店的店長。但是很快地，那家店關門了，敏枝被解僱，又失業了。接著，她到一家在東京開了許多分店的連鎖體育用品店，工作是約聘職。她很賣力地銷售高爾夫球杆，薪水是十四萬日圓。

在正式職員與約聘員工之間，公司還有另一種可以加入社會保險的僱用方式，為了提升自己的能力，她向公司要求改用這種方式。可是改了之後，她再次體認到社會的殘酷現實。

扣掉保險費以後，拿到的薪水和之前差不多，但她反而陷入一種惡性循環：晚上加班的時間增加，導致幼兒園的托育時間延長，花費反而更多，與孩子相處的時間也愈來愈少。

「兩個月後，我就嘗到了現實的殘酷。從回家到小孩入睡，只有兩三個小時，在這兩三個小時內，我得做飯、幫女兒洗澡、哄她睡覺。時間不多，孩子也不可能那麼聽話，我就會覺得很煩躁，總是在催她快點、快點，生活變得一團糟。」

結果兩個月後，敏枝選擇恢復原本的約聘職。

「看到那兩個月的薪資單，我才知道我的生活不會改善，現在就可以看到自己的未來。我是下了好大的決心，才鼓起勇氣向上司提出要求，最後變成這樣，真讓人傷心。經過再三考慮後，才請上司改變我的僱用條件，結果兩個月就自己打臉，我只能向上司低頭道歉，雖然說出來之後，心情輕鬆了，但是最難受的也是那個時候。」

拚命工作，政府補助卻縮水

被迫辭掉最喜歡的花店工作，到了東京後，敏枝一直是做約聘工作。她深深體會到像她這樣獨力扶養小孩、賺錢養家的單親媽媽，以約聘的薪水不可能有餘裕。

那麼，應該怎麼辦？她想到的是考取證照。以前就聽說政府對於打算考證照的單親家長，有提供補助金。為了這一刻，她一直在一點一點地存錢。

她辭去體育用品店的工作，領高等職訓補助生活，同時念幼教專校。

但是領到補助金後，她又遇到一些令人沮喪的事情。

在選擇幼教專校時，她原本想念兩年就能畢業的學校，然而在面試時，主考官對她說：「若孩子感冒了，臥床不起，你就得請假，這樣會跟不上課程進度吧。」結果她被淘汰了。

此外，補助金的發放金額與期限也會有變動。

當初敏枝還在考慮念什麼學校時，補助金可以領三年。那時就有傳聞說從隔年起，發放期限會縮短為兩年，因此，她原本想找兩年就能畢業的學校。但是她沒有找到既能夠照顧孩子，又可以兩年畢業的學校，只好無奈地選擇三年制。

她從二〇一三年開始去念，果然，補助金變成只有兩年。也就是說到了她念專校的第三年，即最後一年，就沒有補助金了，她只能靠自己。

不僅發放期限縮短，就連金額也減少。去念書前，敏枝拚命打工，稍微超過了住民稅的非納稅家庭收入標準，因此她領的並非全額十萬日圓，而是只有七萬五千日圓。上這所專校，三年共需要三百六十萬日圓。敏枝兼顧育兒和工作，連睡眠時間都不夠，才勉強看到支付學費的希望，可是這樣的努力反而使她領不到全額補助。

已經看透了，不管做什麼工作，賺得都不多

既然如此，為什麼還要當幼教老師？

幼教老師的平均年收入約三百一十萬日圓，靠這些錢絕對過不了好日子。但她以前

做了許多約聘工作，也不認為自己以後能多賺多少，在失望之下，她選擇當幼教老師。

「結果是不管做什麼工作，賺得都不多。既然不管做什麼都只能賺到十五萬日圓，那麼同樣的十五萬，和不停換工作、做一天算一天的那種相比，我會選擇『幼教老師』這個職業。也就是說，比起什麼也不是的十五萬，我選擇有良好社會評價的十五萬日圓。」

敏枝拚命存錢，想念書成為幼教老師，不是因為要擺脫貧困，而是想拉高自己在社會上的位置，這是做不了正職工作的單親媽媽勉強能夠做到的。

「現在的父母形形色色，連學校老師也一樣，孩子犯了點小錯，就說因為他家是單親才會這樣。我的這種做法也許太狡猾、不光彩，我覺得要是說『他媽媽是幼兒園老師』，給人的印象是不是就不同了呢？」

當然，她也不是沒想過當正式職員。只是孩子還小，正式職員得工作到很晚，不太合適。就像她在體育用品店時，當了正式職員，結果卻是幼兒園的夜間托育費漲了，而且孩子生病時，還不能輕易請假。

就算有一天當上幼教老師，到孩子上學最花錢的時期為止，她恐怕也存不了那麼多錢。「我又不是能力突然就變強，所以即使要存錢，也只能從當上幼教老師的那一天才開始。最需要錢的國中、高中階段，恐怕來不及存多少錢。」

白天上課、早晚忙著照顧小孩的敏枝，靠每個月七萬五千日圓的補助金和育兒津貼等共十三萬日圓過日子，生活非常簡樸。她從沒帶女兒去過遊樂場，出去玩的時候，也只去附近不花錢的公園。

過去辛苦工作存下來的錢愈來愈少了。為了盡量給孩子良好的競爭力，她沒有繳年金，而是讓女兒上每個月學費八千日圓的英語班。

訪談過程中，她的女兒突然鬧起來。在她們家錄影時，孩子自己摺好洗乾淨的衣服、很有禮貌地吃飯，現在或許是因為神經繃得太緊吧。敏枝發現這種情形，中斷與我們的訪談，緊緊地擁抱著女兒很久。

在拍攝母女倆在公園玩的情況時，敏枝不經意地說：「離婚後，我沒有一刻的精神是放鬆的。」

採訪期間，她總是很開朗、坦誠地述說自己的經歷。為了不被現實壓垮，她每天都精神緊繃，與孩子兩人竭盡全力地生活。

敏枝・28歲：「一放鬆，那根緊繃的弦就會斷掉，我就再也沒有力氣奮鬥下去了。」

我們曾到敏枝家進行長時間採訪，她在訪談最後說的幾句話，正如實表達了她的心境。

「或許我一停下來，就會再也不想動了。我覺得要是自己停下來、喘一口氣，就什麼都不想做了，會一直躺著起不來，一蹶不振。所以我不會回我爸媽家，也許是很怕放鬆吧。一放鬆，那根緊繃的弦就會斷掉，我就再也沒有力氣奮鬥下去了。」

第四章 「性產業」成為生存的最後希望

文◎村石多佳子（ＮＨＫ報導局記者）

在賣春店宿舍死去的小姊弟

二〇一〇年七月，有一對小姊弟陳屍於大阪鬧區的一間公寓裡，生前有五十多天沒人照顧。一個是三歲女孩，另一個是一歲男孩。悶熱的房間裡，堆積了大量垃圾和汙物，兩個孩子依偎在一起離世。這個事件震撼了當時的社會。

在夜店從事性工作的單親媽媽被逮捕，才二十歲出頭。發現小孩遺體的公寓，是夜店分配給母子三人的宿舍。店家為離婚後無處可去的母子提供住處，還提供母親上班時的托育服務，但她沒有運用，而是對年幼的孩子棄之不顧。

這個事件，使得「賣春店成為單親媽媽最後的工作依歸」躍上熱門議題。

招聘廣告：「歡迎單親媽媽」、「宿舍與幼兒園設施齊全」

搜尋賣春店的網頁，會看到招聘欄裡的**「歡迎單親媽媽」**、**「宿舍與幼兒園設施齊全」**等幾個醒目大字，還附有母親和稚兒的照片，寫著**「既能賺生活費，也能多陪小孩」**、**「不要一個人痛苦」**等文案。乍看還以為是育兒援助網頁，與夜店招聘廣告給人的印象大相逕庭。

其中，「介紹兼職」也是員工福利之一。夜店的工作是沒有客人就沒有收入，由於等待的時間較長，店家會介紹空閒時可做的其他兼職，以防小姐們陷入零收入的困境。

採訪從事這個行業的女性後，我們留下的印象是，很多人沒有時間觀念，即使約好了下次見面，也不會按時前來；有人甚至突然失聯，或者也不打聲招呼就休息。

不過，店裡的人卻給出不同的說法。確實是有遲到現象，但是單親媽媽要賺錢養家，所以大多數的人會準時上班，也方便店裡做相應的安排。

此外，一般店裡都有指名制，被客人指名可以加指名費，收入會略高。為了多增加一些收入，許多人在接客時非常認真，希望下回能夠被指名。對於店家來說，如此也可以獲得「服務周到」的好評，因此，僱用單親媽媽對店家也有好處。因此即使得多花一些錢，他們也要辦理托嬰、幼兒園等福利。

被捲入性產業的女性

在針對貧困問題採訪年輕女性時，我們曾前往東京的某間合租公寓，希望能夠遇到更多採訪對象。

合租公寓是指在一間屋子裡，多人共用一間浴室與廚房。一個房間內，以薄板隔出幾處狹小空間，能放一張簡易床和一些隨身物品，至少有個地方睡覺。

雖然居住空間小，但是不需要押金和保證人，而且租金便宜、交通方便。這點吸引了不少二、三十歲左右的人，似乎以來自小鎮和鄉村的年輕人較多。

合租公寓的老闆說了一段話，令人印象深刻。

「最近有很多從鄉下來、沒有住處的年輕女孩，剛到羽田機場，就打電話來問有沒有能住的房間。她們沒有熟人、沒有工作，問她們要怎麼生活時，她們的回答是去居酒屋、夜總會或夜店。把夜店當作工作選項之一的女性還不少。」

女性對於進入性產業的心理防線降低了。從業外人士口中聽到這樣的說法，令人震驚。

當我們表明想要採訪在夜店打工的年輕女孩，他說：「最近去夜店賣身當作打工的女孩子很多。」

我們也從不少夜店的業內人士口中聽過類似說法，近來這類女性增加了，不再只有印象中穿著暴露、妝容冶豔的八大女子。

在這種變化的背後，到底有什麼原因？

對於社群媒體，年輕女孩缺少警戒心

這些年輕女孩是從何處獲得資訊而進入性產業？針對這個問題，我們詢問了業界人士。據說，許多人是經由在社群媒體認識的朋友介紹而來，她們說因為是朋友介紹的店，所以做一兩次試試看也不會害怕。

不過，雖然說是「朋友」，其實也只是透過社群媒體有聯繫，介紹的朋友不瞭解自己的情況，就不用擔心自己在這裡的事情被父母發現……就這樣，社群媒體不斷地拉低賣身的門檻，而店家也不用費力招人。網友們的「好口碑」就能把女孩吸引過來。

說句題外話，對於透過社群媒體交友，年輕女孩的危機感和警戒心非常低，這一點，我們在其他訪談中也有感受到。

東京有一名高中女生，前男友將兩人交往時錄的私密影片發到網路上，並將其殺害。這個事件也使「復仇式色情」（Revenge Porn，又稱為「色情報復」）一詞為人熟知。為了瞭解這種輕易交換私密影片的真實情況，我們採訪了在澀谷、秋葉原街頭的高中女生。

她們當中有大多數人都曾與男友交換影片，理由是想讓男友高興，或者怕拒絕了會讓對方討厭自己等等。更令人震驚的是，若收到只在網路上有聯繫的陌生男子提出想要出浴後的照片、穿制服的大腿照這類要求，直接把照片發給對方的高中女生比想像的還多，理由是「不給的話，對方會不停地要」。

有人甚至毫無戒心地跟在推特認識的網友見面，認為反正到了見面地點，發現對方有問題時，跑掉就好了。有個高中女生平靜地說：「我也和網友見過面，感覺跟想像的不一樣。一進咖啡館，我找藉口去上洗手間就開溜了，所以沒關係。」

LINE、推特等社群媒體，已成為年輕族群中極為普遍的聯絡工具。從這種現況來看，許多父母都落伍了。

危險比大人們想像的離孩子還要近。毫無戒心的年輕女孩極輕易就能與陌生世界或他人單獨聯絡，並且結識。

走上賣身之路，愈來愈容易

在父母不知道的世界裡，毫無戒心的女孩，逐漸成了成年人的犧牲品。

國中生和高中生以青春為本錢，像打工一樣輕易涉足性產業。例如，「高中女生按摩服務」是在一個小房間裡，由高中女生幫客人按摩賺錢；「高中女生散步服務」是像戀人一樣，陪客人散步賺錢。此外，還有男性客人透過玻璃窗，指名要正在喝咖啡的女孩到店外，直接談妥條件約會的「相遇咖啡館」等。可說是形形色色，這些都是性產業的入口。

事實上，我們遇見一名在夜店工作的二十三歲女孩，她高中時就曾出入「相遇咖啡館」。在那裡認識的男人只是要她陪唱卡拉ＯＫ，並輕輕地摸摸她而已，所以她對於出賣色相一事，漸漸地不排斥。

我們在歌舞伎町認識的一名十七歲高中女生也曾在「高中女生按摩店」打工。「我們在那裡只是一起躺著，基本上沒有被摸過，所以我沒反感。」她毫不避諱地告訴初次見面的我。

現在想要賺男人的錢，不必去所謂的紅燈區了。聽了女孩們的述說，不禁讓人感嘆性產業離我們近在咫尺，已經到了觸手可及的地步。

工作時，盡量不去想孩子的事

接觸過從事性工作的女性後，我有了新的認知：這種以陌生男人為對象的性交易，會給大多數女性帶來莫大的精神壓力與心理負擔。我聽說過許多例子：有人是接完客後，背地裡偷偷嘔吐；有人為了紓壓，經常跑到牛郎店借酒澆愁，酒錢還是借來的，為了還這筆債，她得繼續在夜店賣身。

同樣是女人，我深深體會到若是再有個孩子，要在夜店工作、又要顧小孩，會生不如死吧。

「性服務派遣公司」是派小姐到客人家裡或酒店，提供性服務。我認識一名四十多歲的女性，她從早上十點到下午四點在這裡工作，下班後，直接去幼兒園接小孩。她很喜歡美容業，幾年前開了一家店，結果經營不善，欠下一大筆債，為了還債，她不僅在一般公司做約聘職，也在夜店上班。

在等待客人指名的房間裡，她說因為女兒太小，回到家後，還得邊陪她玩、邊做飯，真的很累。

她說話的神情儼然是我們周遭常見的母親。夜店的工作對孩子和丈夫是保密的，店裡為她找好了掛名工作的公司，不需要擔心被發現。

一想到女兒，她就覺得很內疚，所以工作時，盡量不去想孩子的事。她的語氣平淡，感覺認真嚴謹。她只能自己調適，承受來自四面八方的壓力，一天一天地熬下去。

然而，大多數女性無法像她這樣靈活地轉換心情。不難想像，性工作和育兒的雙重壓力，逐漸消磨了母親帶孩子的意志。儘管如此，許多單親媽媽和年輕女孩還是被捲入其中。

從事性工作的女性把色情業之外的普通工作，稱為「白天的工作」。為什麼她們不選擇「白天的工作」，而選擇這個職業？我沒有否定的意思，但賣身一事涉及人的尊嚴問題。或許，不傷害最基本做人尊嚴的工作選項能再多幾個就好了。

夜店有，而「白天的工作」沒有的，到底是什麼？為了進一步瞭解真相，我們決定直接到性服務店裡採訪。

「性服務派遣公司」：從工作、育兒援助到居所，一條龍服務

最先採訪的這家性服務派遣公司，在日本西部設有多家分店，女老闆自己也做過這一行。聽我們說明來意後，她帶我們到一棟大樓裡的辦事處，離市中心不遠。

我第一次進入這樣的地方，還在擔心會是什麼樣呢？看到的卻是一間普通得令人驚訝的辦公室。

一樓是總機服務處。那時是白天，而且是工作日，電話響個不停，幾名男女戴著耳機，像客服中心的人不斷接著電話。

二樓是攝影室，負責拍攝公司網頁用的照片或小姐們的宣傳照。

三樓是小姐們等待客人時的休息室，寬敞、明亮，她們可以在房間裡舒適地休息，坐在沙發上自在地看雜誌，順便吃店裡準備的零食。

對於不想與任何人打照面的小姐，店裡備有像網咖一樣的小房間，她可以在這裡等客人。有客人時，工作人員便打電話到小房間，並派專車將她送到客人指定的酒店或住處。

據說，這家店裡最多的還是單親媽媽。除了有直營幼兒園，店裡也與鄰近的民營幼兒園合作，媽媽們隨時都有地方托育，還能向公司報銷一半的托育花費。

在日本，一般是家長在孩子出生後，向地方政府申辦托嬰服務，數日後才會收到通知確定能否入園。這項制度難以滿足家長想要馬上托育的需求。由於經濟條件差，不少女性即使丈夫在身旁，產後也必須立刻開始工作，但是很少有園方肯收這麼小的寶寶。

城市裡幼兒園不足的問題尚未解決，失業者以「正在找工作」為由申請入園，通常也很難申請成功。我們針對幼兒園數量不足的狀況做調查時，經常聽到有媽媽抱怨沒地方托育小孩，即使想出去上班也沒辦法。

與此相比，民營幼兒園有這樣的好處：園方可以直接與家長簽約，有些是二十四小時開放，或者設有短時間托育。

接受中央與地方政府補助的幼兒園，根據《兒童福利法》，在幼教老師數量、設施面積上，都必須達到嚴格標準。但未獲補助的幼兒園可以自由經營，為了方便媽媽們工作，許多夜店便自行出錢開小型幼兒園。

隨著少子化、高齡化日益嚴重，加上勞動人口減少，女性無疑是重要的勞動資源，政府也想增加女性勞動力。但不可否認的是，現今的勞動環境跟不上時代需求。與政府勞動環境整頓的落後相比，這次受訪的公司除了備有可即刻托育的幼兒園，還替無住處或因租金太貴而租不起房子的女性，在公司附近備有四十間宿舍。

對於不得不工作的單親媽媽們來說，「工作」、「育兒援助」與「居所」，是生活中不可或缺的三大要素。若要指望政府單位，得同時跑好幾個部門、辦理各項手續。可是在這裡，生活所需要的環境與支援，全都一步到位。

到超商的自動存款機，存錢養老

二〇一四年九月的數據顯示，全日本平均最低時薪是七百八十日圓。在經濟回溫的趨勢下，比前一年增加十六日圓，終於超過低收入標準。此外，根據國稅廳的調查（二〇一二年「民營企業薪資實際情況統計調查」），男性的平均年薪為五百零二萬日圓，而女性只有兩百六十八萬日圓，接近男性的一半。

從收入分布來看，男性年薪在三百萬至四百萬之間的最多，占整體的百分之二十；女性最多的是一百萬至兩百萬日圓之間，約有百分之二十五。每四人中，就有一人年薪不到兩百萬。僅從這個數據也可看出，不具高學歷的普通女性想要賺錢養活自己有多難。

在小家庭成為主流、非典型僱用的情況愈來愈普遍，而男性收入也不穩定的情況下，孤立無援、經濟拮据的女性投入以「高所得」為宣傳的性產業，或許是情有可原的。

女老闆還告訴我們，店裡工作的年輕女孩流行在7-11存錢。她們下班後就直接去附近的7-11，把當天賺的錢存入自動存款機。問她們為什麼存錢，回答是「為了養老」。她們說是在提防將來年金制度崩壞。我切實地感受到，由此暴露了國內社會保障制度的脆弱。

來面試的女孩們，有何特點？

我們希望能將這些女性的情況記錄下來，向社會發聲，於是來到東京郊外的一家性服務派遣公司。

接待我們的是還不到三十歲的男性老闆，名叫三上（化名）。他大學念企管，看起來像是年輕企業家。

包括各分店在內，全公司共有兩百多位小姐，年齡大都在二十至四十歲之間。由於公司為員工提供的後援做得很到位，大受好評，所以不斷有人上門求職。

未來幾個月，公司將要打入東京的核心市場，目前正在籌建新辦事處，前景看好。

我們詢問三上店裡女性的特點，他一口氣便說出這幾點：

- **人際關係斷裂（與父母不和、被家暴、受虐待、沒有朋友）。**
- **不具備適應社會的知識。**
- **對性放得開，不排斥性產業。**（三上補充，「現在的女孩子會介意這個嗎？」）
- **很多人有憂鬱症等精神狀況。**
- **年紀輕輕就有了孩子。**
- **糊裡糊塗地欠了債。**
- **對安眠藥等處方藥有依賴。**

接著他說，店裡的方針是不允許她們長期做下去，要不斷地換新人，這樣品質才不至於下降。而且對於小姐們來說，這裡也無法幫助她們的人生達到什麼新高度。

因此，三上很注重來店裡時的面試。從一開始，他就讓對方確立工作目的、工作期限和存錢目標。

我們第一天採訪時就遇到一名十九歲少女，面試後，她直接就上班了。她屬於那種很樸素的類型。

半年前，她以第一名的成績從函授高中畢業。由於想上護理學校但湊不出學費，單親家庭出身的她，想靠這份工作賺到學費和一個人的生活費。三上讓她定下兩百萬日圓的目標，作為升學和獨自生活的初期費用，並指導她根據這個目標，制訂具體計畫，如一週做幾個小時、做到幾月份為止。

她在經過面試，並向三上學習待客之道後，踏入夜店的當天就被送到客人那裡。看著年僅十九歲的她稚嫩的背影，我們如同目睹了一個現實：家庭環境不同，讓人連受教育的機會都有如此巨大的落差。

百分之百的識字率，只是說說而已

三上給我們看印有公司規定與工作規則的說明手冊，主要是插圖，所有漢字都標註了拼音。由於很多人即使拿到文字的內容也看不懂，公司才開始製作這種插圖手冊。

三上說，在這裡就會覺得日本的百分之百識字率，只是說說而已。許多人就算能用智慧型手機傳訊息，或者大致看得懂字，但還是無法理解文章的內容。據說是因為進入社會前，沒有好好受過教育。

有不少女性便因為看不懂內容、不懂意思，就糊裡糊塗地簽下名字，結果上當而欠債。

三上的店裡有許多單親媽媽。這裡也像別處一樣有幼兒園。很多人工作認真，所以單親媽媽在這裡也備受重視。但偶爾仍會接到園方打電話來說好幾天沒人去接小孩了。這時候，三上會和工作人員找到母親，一起去接孩子，並且叮嚀她要好好教養小孩、關心她在育兒上有什麼困難，充當心理諮商的角色。

年紀輕輕就當了媽媽，之後又變成單親，這個年齡正是最想玩的時候，有很多女孩不僅不打招呼就休息，甚至還把孩子放著不管，自己跟男人出去玩。三上每天都看到這樣的母親，不禁對日本的未來感到擔憂。

自己想要早生孩子，卻又無視孩子

以下是山梨縣立大學教授暨臨床心理師西澤哲受訪時的發言，他專門研究對於受虐兒的心理關懷。

愈是在幼年時期沒有好好受父母照顧，也未跟特定的人建立親密關係的女性，就愈想早點生小孩。

許多人年紀輕輕就懷孕，對孩子抱有期望，相信孩子一定會讓自己幸福。但是小孩生出來後，不可能任人擺布。

當她們察覺到孩子不可能成為自己倚賴的對象，就會尋找下一個對象去依賴，可能是男人，可能是酒……這樣的母親會漸漸地對孩子不感興趣，開始無視孩子。

夜店老闆三上的擔憂與這一段心理分析，不正是不謀而合？前面也提到許多在他的店裡打工的女性，沒有良好的家庭環境，其中，十五至二十五歲的年輕媽媽占有相當比例。這些女性大都是國中畢業或高中沒畢業，這樣的學歷對她們來說是不利的。家庭環境不允許她們專心學習，所以她們即使會用智慧型手機打字，也不擅長閱讀和理解文章內容。

「這樣的女孩一個接一個地懷孕，但又沒辦法好好照顧孩子。無法適應社會的母親所養大的孩子人數愈多，將導致國力下降。在這種情況下，如果國外的勞動力今後不斷湧入，日本人是競爭不過他們的。」三上以其獨特的方式表達了對日本未來的擔憂。

一般人應該不太瞭解這些具體情況吧。或者說，許多人會認為八大女子的事情，不知道也無所謂吧。

但社會是相通相連的。說不定自己的孩子與她們的小孩上同一所學校，且同班。並且就像三上指出的，生活能力不足的孩子數量愈是增加，社會保障制度將變得愈薄弱。所以我們怎能放棄她們，認為與自己無關而不去正視？
三上想讓社會大眾更瞭解八大的女性，因此允許我們在店內自由拍攝。

【中學時離開單親家庭，最終漂泊至此】

幸惠．27歲

——「店裡的人和客人，像家人一樣地關心我。」

我在店裡休息室中央的圓椅上坐下。或許是我的表情不大自然，看到我的樣子，大家都很友善地跟我聊天，問我：「你是新來的嗎？」

不同年齡層的小姐，上班時間各異。從中午前後到傍晚，是三十至四十幾歲的媽媽們上班；晚上則以年輕女孩居多。大家都異口同聲地說在店裡很舒服，工作人員很體貼，什麼事都可以找他們商量。

在這裡，我遇到了非常活潑的幸惠，她二十七歲，說自己喜歡參加各地的祭祀活動，愛好是抬神轎。

幸惠出身於單親家庭，母親是護理師。因為與母親不和，她國中時便離家出走，輾轉住在朋友家。雖然上過高中，但很快就辦了退學。

她覺得一直待在朋友家也不是辦法，為了獨立過日子，曾在街頭發面紙打工，勉強糊口。那時，她認識了一個很體貼的中年大叔。但其實那個大叔是詐騙犯，她在不知不覺間被騙了，欠下許多債。已經過了十年，她仍然在還那筆債。

其實未滿十八歲是不能在夜店上班的，但是為了還債，她謊報年齡。不過，她跟店裡的人處不好，加上常常起不了床，遲到、曠班，最後不得不辭職。

為了生存，此後她走上了賣身之路。

在這裡，一天可以賺四萬日圓，但是幸惠揮霍成性，錢一到手，馬上花光。店裡的人很擔心她。「他們像家人一樣關心我，想辦法幫我減少負債。」她說。

夜店的薪資基本上都是當日支付。為了防止她花掉，店裡的人將她的部分薪資裝在信封裡，放進店內的金庫保管，幫她存錢。

幸惠還說，客人在精神上也給了她很大的安慰。雖然明知與客人之間只是偽戀愛，但是聽到對方關心的話語時，她還是會很開心。

她說：「店裡的人就是我的家人，這家店就是我的家。放假的時候，我也會到這裡晃。」

在夜店上班的女性給人一種強烈印象：她們大都在家庭、學校、職場和人際關係等方面，受到排擠，最終結果就是流向這裡。要說她們是主動選擇這份職業嗎？不如說是除此之外，別無去處。

對幸惠來說，就連在這份工作中發生的短暫人際往來，也能填補內心空虛，成為精神支柱，可見她在人際關係上的貧乏，她的人生是多麼孤獨。

在單親家庭長大的她，家裡好像很窮，但是比起經濟貧困，精神上的貧困應該更痛苦吧。

母親沒有尋找國中便離家出走的她。母親再婚後，她多了好幾個素未謀面的兄弟，家庭關係很複雜。後來她還告訴我們，小時候，她曾被比自己大幾歲的堂兄性虐待。

從幸惠開朗的外表，絲毫看不出這種悲慘往事的蛛絲馬跡。但是，即使到現在，心情低落的感覺還是會不斷出現，發作時，有好幾天都起不了床。幫她驅走這種寂寞的是夜店的工作人員和客人。聽她這麼講，讓人感到心情非常矛盾。

【即使女兒將來走這一行也無所謂】

小花・21歲

——「這份工作不長遠，到二十五歲就該退了。」

店裡的人介紹我們認識二十一歲的小花。她非常開朗，偶爾還會幫工作人員準備飯糰，是個非常細心的女孩。她有一個快兩歲的女兒，上的幼兒園在鬧區附近，距離她工作的店走路約十分鐘。

小花十九歲時，與在新宿認識的牛郎奉子成婚。婚前原本是做醫療領域的辦公室行政，但男友建議她辭職，所以結婚時，她辭去了工作。可是婚後不久，她就被丈夫拖累。

丈夫的工作不穩定，月收入十二萬日圓左右，但他還將少少的錢花在吃角子老虎。小花連懷孕時，也得為生活費絞盡腦汁。

娘家雖然就在附近，但是生活也不寬裕，還有個年幼的妹妹，她得不到經濟援助。因此，她在一家性服務者全為孕婦的另類色情店裡，一直工作到生產前。

孩子出生了，丈夫惡習不改，她每天都得為明日的生活費發愁。於是產後僅一個月，她重操舊業。

一年後，她與不可救藥的丈夫離婚了。兩人住在提供給低收入戶的政府住宅，因為都是她在養家，而且孩子還小，所以她理所當然地認為丈夫該離開。誰知丈夫的回應出乎意料，他以「房子的名字是我的」為由，將小花和年幼的女兒趕走。

如今，小花與新男友一起帶著孩子租屋，她的工作並得到男友認可。忙的時候，她會叫男友幫忙接女兒。

我們早上從小花家開始，對她的一天進行追蹤採訪。

雖然她中午才上班，但是從事建築工作的男友一大早要出門，所以她早上六點就得起床忙碌。要上班的一個半小時前，她叫醒女兒，做各種準備。孩子還小，有起床氣，小花只好一手抱著女兒，一手做早餐，同時還煮好要帶去幼兒園的晚餐。剩下的飯菜以保鮮膜包好放進冰箱，很有主婦的樣子。

小花一週在店裡工作五天。她的人氣很高，客人經常指名要她，平均每個月能賺三十萬日圓。

她的愛好就是存錢，最喜歡翻看存摺。她保了平安險，還幫女兒保了兩份教育險。存錢，也是為了女兒的未來做準備。

讓女兒吃完飯後，她開始準備上班。換好衣服，黏上假睫毛，容貌逐漸從母親變成女人，從黏假睫毛的那一刻開始，她彷彿從母親切換到女人模式。化完妝後，就連說話的語氣也從原本的沉穩，轉變為嬌嗲的工作模式。

小花抱著孩子，回答我們的提問。她說：「這份工作不長遠，到二十五歲就該退了。辭職後，我想去賣保險。」

聽到這裡，我還能夠理解她的心情，但是接著她卻輕鬆地說：「這種工作賺得多。要是以後我女兒說想做這一行，我覺得我會同意。」小女兒還在她懷裡撒嬌，當著孩子的面，她卻這麼說。

與老闆三上談話時，他曾反問：「這個年代有誰不談性啊？」或許這就是年輕人的想法吧。

【小學時，常常一個人看家，幾乎沒去上學】

小希・19歲

——「一些幫助過我的人在三十歲之前都相繼自殺了。我也無法想像我的未來。」

除了在這家夜店採訪，我們還遇到許多也從事性工作的其他女性。其中大部分的人是因為某種原因，陷入一個黑不見底的世界。

家庭環境對她們的影響的確很大。此外，從父母或其他重要他人處能獲得多少愛、受到多少呵護，對於她們的下一代也有很深遠的影響。

採訪時，我們認識了十九歲的小希，頭髮染成金黃，戴了好幾個耳釘，懷著身孕還在夜店上班。

她說：「我那個牛郎男友同時也讓另一個女生懷孕。他選擇跟她結婚，把我拋棄了。」

她還說等孩子出生後，她準備送給別人收養。

才十九歲的小希已是第二次懷孕。懷第一個小孩是在中學時期，對方跟她同年。孩子生下來以後，就被男方家帶走了，從此她再也沒有見過，更不知道小孩去了哪裡。

她的母親不停換男朋友，靠男人生活，根本不回家。因此，她在小學基本上都沒去上學，一直是自己在家，經常是靠母親留下的幾萬日圓過一兩個月。偶爾看見母親回家，原來是被新男友打了。

小希說她小時候沒什麼美好的回憶。她應該是沒有跟別人一起吃過飯吧，拿筷子的方式完全不對。

或許是小時候的心理陰影，她對巨大的聲響會產生強烈反應。有一段時間，她在餐廳上班，一聽到盤子打碎的聲音，眼淚就止不住地流。幾次下來，無法正常做事，於

小希・19歲：「一些幫助過我的人在三十歲之前都相繼自殺了。我也無法想像我的未來。」

是她辭去了白天的工作。

她的最高學歷是國中畢業，所以從一開始就斷了找工作的念頭。她經常會情緒低落，不想見人，一個人躲在房間裡。但是，夜店裡有許多與自己境遇相同的人，跟她們在一起很輕鬆。

她面無表情地小聲說：「最近身邊一些幫助過我的人，在三十歲之前都相繼自殺了。我也無法想像我的未來。」

在她的心裡，難道就沒有夢想和希望嗎？

人們常說出生環境對學歷的影響很大。學歷低會影響所從事的職業。前面我們說過，家庭不穩定的女性容易早婚、早生小孩，而且早婚的人離婚率很高。早婚、早生子的女性缺乏在社會上通用的技能，要找工作也更困難。

在日本，女性離婚後，基本上都拿不到孩子的扶養費，只有兩成的人能拿到。這種情況一直不被重視。

透過採訪，我們看到被社會保障體系遺漏、孤立的女性，最終流入性產業。在那裡，不僅可以賺到錢，還能獲得生活與精神支援。

當然，這種工作對女性來說絕不安全，不少女性被要求做違法服務、懷孕，甚至再次被逼入絕境。

小希・19歲：「一些幫助過我的人在三十歲之前都相繼自殺了。我也無法想像我的未來。」

社會保障體系的潰敗

為年輕女性提供諮商服務與生活援助的民間組織「融合網橫濱」（Inclusion Net Kanagawa）負責人，同時也是臨床心理師的鈴木晶子指出，援助經濟困難的女性需要一步到位。

生活窘困者獨自面對的問題涉及眾多層面，如居住、就業以及育兒援助等服務。政府即使有相應措施，但彼此各自獨立、沒有關聯，這個現象經常遭詬病。

年輕女性更是很難獲得援助。即使她們鼓足勇氣詢問公部門，不過一旦被駁回，從此便敬而遠之，再也不會問第二次。因此，如何才能利用這僅有的一次機會發現問題，串起援助面，並提供全方位服務，是能否支撐起她們獨立生活的關鍵。

二〇一四年一月的「現代特寫」節目以「看不見明天——日益加劇的年輕女性貧困」為主題，播出性產業公司所創的多樣化援助模式。

當時，來賓鈴木女士指出：「性產業形成一張非常密實的安全網，從工作、住宅到患病兒童的照顧，無所不及。公部門能提供如此周全的服務嗎？答案是否定的。這可說是社會保障體系的潰敗，事實上是性產業接手了社會保障的功能，在支撐著她們。」

為協助經濟貧困者，防止人們陷入低收入困境，二〇一三年十二月，政府制訂了《生活貧困者自立援助法》，並於二〇一五年四月開始實施。而為了使制度更貼近貧困者的需求，並提供全方位服務，地方政府與民間援助團體正探尋拓展服務的可能性。

「性產業成為生存的最後希望」，如此諷刺的社會現況，對於到底應如何改善社會保障策略，提供了思考契機。

第五章　懷孕與貧困

文◎宮崎亮希（ＮＨＫ報導局社會節目部導播）

●

第一次將「年輕女性」與「貧困」這兩個詞連結在一起採訪，是二〇一二年秋天。

當時，我在「早安日本」新聞節目組，與記者村石小姐共同製作了好幾期新聞報導。我們都有小孩，並且對於虐待兒童、生殖醫療等問題感興趣。然而，儘管我們想過要傳達單親媽媽們的辛苦，卻沒認知到隱藏其中的主要議題：

「貧困」。

與NPO機構「嬰兒籃」的第一次接觸

「有一個機構的做法很驚人。」村石小姐指的正是茨城縣的ＮＰＯ機構「嬰兒籃」。

「非預期懷孕」（現今考慮到孩子的感受，改稱為「意外懷孕」）是導致兒虐事件的主要原因之一。由於做母親的很難接受自己懷孕，不做產檢，而是突然赴醫院生產，或者在產後不管寶寶。

有一段時期接連發生棄嬰案，在關於「意外懷孕」主題的採訪中，我們接觸了這個ＮＰＯ機構「嬰兒籃」。

「嬰兒籃」是非營利的中介機構，協助懷孕卻無法養育孩子的女性，把她們剛出生的寶寶介紹給想要小孩的夫婦收養。全日本有十五家這類機構，大多數是在孩子出生後，到醫院從母親那裡接走小孩。

「嬰兒籃」的做法不同，他們為孕婦提供宿舍，一直協助到生產為止。

為什麼要幫助拋棄親生孩子的母親？透過對「嬰兒籃」的採訪，我們才首度認知到對部分女性來說，懷孕不僅非可喜可賀的事，還是威脅到生存的巨大危機。

在舉目無親的城市裡，等待分娩

從土浦火車站開車約十分鐘後，我們來到一個地方。從此處開始，欣賞著矗立於山間的雄偉寺院，沿著山路往上爬──眼前出現六間約三十年屋齡的平房。最裡面的那一間，是NPO機構「嬰兒籃」負責人岡田卓子的住家兼辦公室。

「各位大老遠從東京來到這裡，真是辛苦了。」岡田女士笑著大聲招呼我們。她的個子不高，卻像一個能量塊似的，渾身充滿力量。她自己也有領養小孩的經驗，對於棄嬰事件層出不窮感到不解。為了拯救兒童的生命，她決定擴增領養家庭的數量。

這樣的援助工作從十幾年前就開始了，直到兩年前，她創立了獨立法人NPO機構

「嬰兒籃」。

「詳情就讓我們到孕婦宿舍裡聊吧。」岡田女士帶我們到她住處旁的一棟平房裡。她從母親名下這六棟房子中，空出兩間作為孕婦宿舍。我們來到的這間屋子有一種昭和年代的感覺：木地板，門窗玻璃雕著復古花紋，浴缸是正方形，就是老房子經常看到的那種，安裝在水泥地上。

「房子太舊了，夏熱冬冷，但總比二十四小時漫畫喫茶店之類的地方舒服多了吧。」岡田女士爽朗地笑道。一間屋子住兩人。一個人生產完離開後，第二天又有人住進來。最近宿舍基本上都是滿的。

身懷六甲的年輕女性從全國各地聚集到茨城這個小地方。真是如此嗎？我正詫異時，岡田女士的手機響了。

「現在幾個月了？」

「做過產檢嗎？」

「你男朋友呢？不接電話嗎？」

電話裡傳出年輕女孩的聲音，問題很嚴重。岡田女士大概早已習慣接這種電話了吧，很平靜地打聽出她想要瞭解的細節。

在我們談話的兩個小時當中，她頻繁接到各地的女孩打電話來。雖然也有騷擾電話和「我沒避孕，會懷孕嗎？」這類令人無語的詢問，但大多數是錯過了墮胎時機、自己又沒有能力扶養小孩的年輕女孩，在迫切需要協助的情況下打來的。

岡田女士說：「懷孕七、八個月了還算是好的。有人連一次產檢也沒做過，再過一星期就要生了才來。還有人都快生了，因為沒有地方住，只能在網咖混日子。」

她所說的每一個故事都令人匪夷所思，我訝異得忘了做筆記。然而，這就是她的日常。

「絕大部分的女孩是沒有經濟能力，日子過不下去，又不能露宿街頭。她們離家出走，有人是借住在不同朋友家，或是遮掩孕肚，在夜店打工，只要還有錢，就在網咖裡過一天算一天。只有一兩人也就算了，沒想到竟然有那麼多人。我每年都會遇到很多這樣的案例，看來在現代年輕女孩的世界裡，這種情況並不罕見。我不禁想問：日本到底是怎麼了？」

每個案例的情況天差地別，有些甚至讓人感覺不到當事人對懷孕的重視。但岡田女士說，只要在「保護小孩」這個大前提下，協助這些孕婦的方針就不會變。

「我相信除了一些特例，幾乎所有人都是像抱住一根救命浮木來求助。雖然那些母親的問題也堆積如山，但我們將重點放在讓她們生下健康的寶寶，首先，要解決吃、住和醫療這三個最基本的條件。」

懷孕、生產，會讓女人的身體和生活發生重大變化，正因如此，才更需要身邊有人大力支持。換作是我，在沒有丈夫、沒有親人的陪伴下生產，那種不安全感是無法想像的。

這些年輕女孩在舉目無親的城市裡，投靠陌生人，等待分娩——是什麼將她們逼迫到這種地步？無論如何，我都想弄清楚這一點。

我們從「改變領養給人的不良印象」這一觀點出發，在徵得大力配合我們採訪的岡田女士同意後，決定對於在「嬰兒籃」待產的孕婦們，展開長期的追蹤採訪。

【懷了前男友的孩子】

真由・29歲

——「希望他們能一直陪在孩子身邊，因為這是我最沒辦法做到的事情。」

我們從二〇一三年一月開始採訪，在「嬰兒籃」遇見懷孕後住進宿舍的山本真由（化名）。二十九歲的她個子很高，將近一百七十公分，素顏，是個清秀美女。染成淺色的頭髮和做過美甲的時髦感，與她在被爐前喝茶的樣子顯得很不協調。

真由出生於東北地區，高中畢業後到東京，主要靠在夜店打工過日子。以真由的話來說，她最後工作的那家店是一家「高檔店」。

她有一個交往多年的男朋友，對方與她同年，在歌舞伎町的牛郎店上班，兩人同居。如果真由告訴他自己懷孕了，他一定會說那就一起養大吧。

可是，真由懷的是別人的小孩。幾個月前，她與現任男友大吵分手了，那段時間，她和另一個男人交往，懷的正是他的小孩。

與男朋友復合後不久，她就發現自己懷孕了。「世上沒有哪個男人，會對懷了前男友小孩的女朋友說『生下來吧』。岡田女士也說過這不太可能，沒人能有那麼大的肚量，連前男友的孩子都一起扶養。我也這麼認為。」真由自嘲道。

她無法輕易接受懷了前男友的小孩，這種心情可以理解。眼看著肚子一天一天變大，走投無路之下，她聯絡了孩子的父親，兩人從分手後就再也沒見過面。

「我說『結果變成這樣，沒辦法，只能打電話給你』，但他說等他想好後再聯絡我，之後就再也沒有消息了。當時我也沒搞清楚狀況，有點不是自己的事情的感覺，講得很平靜。正常不是應該這麼說嗎？『這是你的孩子，你要負責！』」

夜店的收入大約有五十萬日圓。真由喜歡做手工藝，為了開一家賣手工製品的網路商店，她把所有存款都投了進去，因此手頭沒有錢。然而，肚子愈來愈明顯，她只能辭去工作。又因為付不起房租，連住處都沒有了。

無奈之下，她只能寄住到男友家。隨著肚子愈來愈大，她終於忍受不了那種尷尬的氣氛，跑到二十四小時漫畫喫茶店落腳。這時，她注意到「嬰兒籃」的網站。

「我一大早就打電話給岡田女士，大概是凌晨三點左右。我不知道第一句應該說什麼，一直沉默著。岡田女士說：『你大概還沒下定決心，等決定好了，再打電話給我吧。』要是沒有找到這裡，我會怎麼樣呢？」

即使有家人、朋友，能依靠的也只有陌生人

真由像是已決定不再煩惱一樣，很平靜地述說自己的經歷。

自從懷孕後，她的人生就急轉直下。為了錄這個節目，她給我們看她在夜店工作時的照片：挽著高高髮髻，身穿亮閃閃的蓬裙洋裝，手舉著一杯紅酒，那是她和同事們通宵暢飲時拍的。那時，店裡有經常指名找她的老顧客，走在歌舞伎町的街上，也有

真由．29歲：「希望他們能一直陪在孩子身邊，因為這是我最沒辦法做到的事情。」

很多朋友跟她打招呼。

而如今懷孕的真由，一個人坐在小平房的被爐前，家當只有一只行李箱，身上的孕婦裝還是之前住客留下來的。錢包裡，只剩下幾千日圓。

「不能依靠家人嗎？」我問。她的父母早已離婚。真由叫母親「媽咪」，她的推特有兩人的合照，另外還有個年齡相仿的姊姊，家庭關係似乎很融洽。對於我們的疑問，她只說沒有告訴母親自己懷孕了，一再強調這是自己種下的苦果，沒有做更多解釋。

從她所說的，我們始終不明白為什麼她不能向家人求助，卻能跟在網路上認識的岡田女士傾訴。

「我跟姊姊說過我在這裡。但是我們家……怎麼說好呢，是個允許獨立、自主的家庭，無論做什麼，父母都不會阻止。自己決定的事就去做吧，給人這種感覺。當然，我姊也是這種想法，她說：『你自己決定了的話，就去做吧！』」

即使有家人和朋友，真由仍然是一個人。

岡田女士也說過：「父母健在卻無法找他們傾訴，或者是單親、但母親（或父親）很少回家……這種因家庭關係破裂而來找我的女孩特別多。無法向最親近、最應該幫助自己的人傾吐的孩子，竟然有這麼多。」

剛生產完，立刻在夜店復出

採訪大約進行一個月後，真由生下了三千八百八十公克的女孩。寶寶很清秀，非常漂亮。想到從她在媽媽肚子裡時，我們就有接觸，她的平安出生使我們感慨不已。

真由出院後，我們去探望她。現在她最關心的不是孩子的事，而是今後的生活要怎麼過。

真由一直不停以手機搜尋價格低廉的合租公寓。這種房屋不需要給房東見面禮金[11]，

11 譯註：日本租房的慣例，除了交押金、需要有擔保人以外，第一次見面要交給房東禮金，首期費用加總相當於數個月的房租，房客在初期的負擔比較重。

真由・29歲：「希望他們能一直陪在孩子身邊，因為這是我最沒辦法做到的事情。」

離市中心又近，非常受歡迎。她抱怨說，女性專用的房屋價格稍微貴了一點。生完孩子還不到一週，她已經要出去工作了。

「先靠入店體驗賺一點吧！」

所謂「入店體驗」，就是夜店的前期體驗性工作。入店體驗與正式員工不同，可以當天領薪資。

真由打算先在不同的夜店體驗性地工作幾天，以便在短時間內存夠一定數量的現金。

「生完孩子後，覺得一下子回到了現實，真的。這個也要想，那個也要做。現在我得真正開始擔心今後的生活了。合租公寓雖然不需要見面禮金，但還是得給一筆類似押金的款子。我得先存到十萬日圓。雖然身體很累，但也沒辦法。不能喝酒也沒關係，坐著就行，只要能坐下來。可是，我這圓鼓鼓的肚子怎麼藏呢？勒緊了，混過去吧。蒙混得了嗎？」

常聽人說，產婦最好讓身體休息一個月，因為這九個月來一直支撐著寶寶的身體受到巨大傷害。肚子不會輕易縮回去的。會陰的傷口沒好，也不適合久坐。真由不僅要喝退奶藥，而且有嚴重貧血，產後不可能馬上到夜店上班。

我們勸她應該去找公部門辦理低收入戶補助，但是她沒太大的反應。

「有類似低收入戶審查這種程序吧？去了能當場領到錢嗎？有人靠這個養小孩嗎？但是那些人在哪裡呢？生完以後，不就能工作了？總有辦法生活吧。身體累也是應該的，沒有辦法。不過，我已經好幾個月沒有喝酒了，真擔心還能不能喝啊。」

只抱過一次的女兒

產後第九天，真由決定離開宿舍。問她要到哪裡住，說是去前男友家。這幾天他們有聯絡，準備再次復合。見她不用馬上拖著這樣的身體去夜店上班，我們稍微放心了些。

離開宿舍，便意味著要與孩子分離。在辦理同意送養孩子的手續時，我們架起攝影機，見證這一刻。

打點好要離開的事情後，真由的表情輕鬆許多。

真由・29歲：「希望他們能一直陪在孩子身邊，因為這是我最沒辦法做到的事情。」

懷孕期間，只見過她素顏，如今她化好妝，穿上深藍色線衫和短褲，從這身打扮，很難看出她幾天前剛生完小孩。

岡田女士拿著文件資料走進來，沒有露出嚴肅的表情，而是淡然地辦著各項手續。想必她是不想擾亂母親的心情吧。這樣的手續，她辦過許多次了，才會採用這樣的方式。

真由邊聽著岡田女士說明、邊鄭重地點頭，同時不斷在文件上簽字、蓋章。文件包括她不能扶養孩子的理由、將孩子作為「特殊養子」託付給養父母等內容。這些資料日後將用於向家事法院申請特殊養子關係。真由認真地簽著名，看不出有絲毫猶豫。

資料填完後，岡田女士回家把真由的女兒抱來，因為她想讓真由在分離前，抱一次自己的孩子。

在「嬰兒籃」，母親在產後與寶寶沒有接觸。剛聽說這項規定時，我覺得很殘酷，但這個想法是出自岡田女士多年來的經驗。

剛經歷過生產的母親精神狀態很不穩定，有些是產後憂鬱，有些則是精神亢奮。讓她們長時間接觸寶寶，會動搖她們之前的決定，有不少母親便表示想要自己扶養。

若這是經過深思熟慮後的決定，岡田女士會讓寶寶跟媽媽走。但是，即使對孩子產生了感情，之前迫使她們要送養孩子的生活環境，在小孩出生後並沒有改變。事實上，就有人中途反悔了把孩子領回家，但在幾個月後又打電話來說自己還是沒有辦法養。

在孩子與母親產生感情後，再將他們分開，對小孩來說也是一種嚴重的傷害。為了避免這種情況發生，岡田女士限制母親與寶寶的接觸，讓她們可以冷靜地思考今後如何活下去。

不過，她會讓媽媽在離開之前，抱一下孩子，她想讓她們記住自己生過小孩這個事實，在下一個寶寶出生時，能夠過更好的生活，可以帶著喜悅迎接寶寶到來。她希望她們能對孩子說：「生下你，真是太好了。」

岡田女士的願望，都包含在這「最後的擁抱」中。

收養真由女兒的養父母已經確定了，是住在九州的夫婦，妻子四次流產，最後他們選擇領養。孩子的名字由養父母取，他們在家事法院取得領養關係的證明文件後，便

真由・29歲：「希望他們能一直陪在孩子身邊，因為這是我最沒辦法做到的事情。」

正式收養她。

真由從岡田女士手中接過孩子，寶寶很小，她以雙手便能輕鬆抱過來。她始終面帶微笑，撫摸著女兒的小手和小腳。

岡田女士輕聲問：「你有什麼叮嚀嗎？希望他們成為什麼樣的父母，或者希望他們把孩子培養成什麼樣的人？」

「希望他們能一直陪在孩子身邊，因為這是我最沒辦法做到的事情。」

跟孩子相處的時間，不到一個小時就結束了。

「那麼，我抱走了。」岡田女士對一直撫摸著孩子小手的真由說。

真由沉默著點點頭。岡田女士抱過孩子，離開了。

看著眼前發生的這一切，我們完全不知道說什麼好，只能靜靜地坐著。

「這樣真的可以嗎？」或許我們該這樣問，又或許不該問。但是，我們一句話也問不出來。

聽到門輕輕關上的聲音，真由的眼淚再也止不住。她沒有哭出聲來，只是靜靜地掩面而泣，淚水從她覆蓋著雙眼的指縫間流下。直到孩子出生，她從未改變過決定，我們只能默默地看著她流淚。

真由回到男友住的歌舞伎町。不久之後，我們又有緣再次見到她。

生完小孩，她的生活一如既往。與愛賭博的男朋友仍然經常吵架，夜店的工作也辭不了。然而，她說話的語調卻特別輕鬆、愉悅，完全找不到與孩子離別時悲傷的影子。

後來，她去名古屋的不夜城上班，我們逐漸失去聯繫。

在「早安日本」節目中，我們從真由生產、與女兒分離，一直播放到孩子由岡田女士送至養父母手中。原本我們是從「如何保護孩子的生命」這一視角出發，然而，現在我更掛念只能仰賴「嬰兒籃」這個機構的母親們，她們經歷了一般人難以想像的母子分離後，又回到從前的生活。

為什麼她們如此孤立？孩子的父親都在做什麼？送走自己的小孩，對她們有什麼影響？對於這些不斷湧現的疑問，我不知道能否找到答案，但我想繼續關注這個主題。

在徵得岡田女士同意後，我們決定以「嬰兒籃」為背景拍攝一部紀錄片。為此，採訪工作繼續進行。

真由・29歲：「希望他們能一直陪在孩子身邊，因為這是我最沒辦法做到的事情。」

【從網咖來的女孩，行李只有一個小熊維尼包包】

陽子・23歲

——「我自己都不想活了。我還在想是不是跟寶寶一起上吊死了會更好。」

「有個住在網咖的女孩打電話來。」二〇一三年六月，岡田女士與我們聯絡。打電話來的女孩二十三歲，由於手頭的錢全花光了，沒有地方住，所以想住進宿舍。我們與岡田女士一起奔向約好見面的上野車站，正值下班尖峰時間。岡田女士收到女孩傳來的訊息，寫了她的特徵：「我穿藏青色洋裝，拿著小熊維尼圖案的包包。」

岡田女士告訴我們：「她說懷孕二十四週了，那就是六個月左右。前天是第一次去醫院檢查。她在電話裡把事情說得很清楚，還說雖然很不好意思，但情況就是這樣。是個做事很穩的女孩。」

比約好的六點晚了二十分鐘，女孩出現了。她叫片山陽子（化名），留著齊肩短髮，身穿藍色帶白點的洋裝，拿著一個小熊維尼圖案的塑膠大包包。岡田女士趕緊走過去，接過她手上的袋子。

等兩人上車後，我們直奔「嬰兒籃」。

一開始，女孩驚訝地望著我們，聽我們說明來意後，她同意接受採訪。她是看到了NHK的節目，才知道「嬰兒籃」的。

在一個半小時的路程中，陽子受到我們和岡田女士連珠炮似的發問。我們的提問簡潔明瞭。

岡田：你自己的東西呢？

陽子：什麼都沒有，只有一個包包。

岡田：你在網咖待了很久嗎？還是換來換去？

陽子：去過兩家。

岡田：時間長的話，便宜嗎？

陽子：不便宜，一天要三千三百五十日圓。

關東出生的陽子父母離異。她曾跟母親、哥哥生活在一起。後來因與家人不和，高中畢業後，她到了東京，在附宿舍的夜店打工，每個月能賺三十萬日圓。但是她迷上線上遊戲，賺的錢幾乎都花在打遊戲，最後因付不起房租而不得不在網咖度日，在此期間，她發現自己懷孕了。

陽子：大概是四月底吧，我覺得噁心，好像是孕吐。

岡田：你是怎麼懷孕的？你不曉得自己小孩的父親是誰嗎？

陽子：不曉得。

陽子幾乎沒有提到孩子的父親。當時她什麼也沒跟我們說。不過，在她之前與岡田女士的交談中，透露了曾拿錢與不特定的人發生過關係。

陽子：基本上，我每天都過得很緊，錢包裡只有幾百或幾千日圓。我顧不了太多，就跟男人做了。因為有戴套，我以為不要緊。

岡田：不管過得多辛苦，也不能靠這種事賺錢生活喔。你自己一定也想脫離這種工作吧？

陽子：當時已經知道自己懷孕了。我也是為了活下去嘛。

「坦白說，我沒有做母親的欲望。」

岡田女士與陽子談話內容之深，令我們震驚。而更讓我們感到不舒服的是陽子說話時的語氣。她的聲音好像動畫裡的角色，雖然清脆悅耳，但是話說得很生硬，對岡田女士好像也很生氣，有點馬上就要爆發的感覺。

她表現得似乎是忘了肚子裡還有一個小生命，一旁的村石小姐實在忍不住，加入提問。

村石：沒有考慮自己養？

陽子：沒辦法啊，因為我自己都不想活了。我還在想是不是跟寶寶一起上吊死了會更好。

村石：沒想過要拿掉？

陽子：說是不想拿掉嗎……不如說真的拿不了，經濟上不允許。

村石：對於寶寶，你是什麼樣的感情？

陽子：我覺得寶寶很健康，胎動很厲害。要是問我有沒有做母親的欲望，我可以坦白地說：沒有。

我們不約而同地互望一眼。

對於腹中的寶寶，陽子絲毫沒有關懷的語氣。但她也曾在一段對話中，流下眼淚，那是岡田女士問她關於線上遊戲的事情時。

岡田：待在網咖裡，不覺得痛苦嗎？

陽子：周圍有很多網路玩家，他們都是朋友，或許比朋友還親，感情很深厚。說到這裡，你可能以為我要講男人的事。在這些玩家當中，有一個人很喜歡我，雖然我不認識他。我對他說：「我是有問題的，你還是不要選我這種人比較好，去喜歡那些普通的女生吧。」可是他說他已經做好心理準備了。

岡田：所以你才停止（自殺）？

陽子：從那時候開始，我就覺得天無絕人之路吧。

岡田：那你不能去他那裡嗎？

陽子：我不認識他啊！只是聽過聲音、傳過訊息而已。

陽子摘下眼鏡，流著淚說。

回到老家就有家人，而且肚子裡還有小孩，但即使如此，能夠給她支持的只有在線

陽子・23歲：「我自己都不想活了。我還在想是不是跟寶寶一起上吊死了會更好。」

上遊戲認識的人，只聽過對方的聲音、發過訊息。雖然我對她說的話沒有共鳴，但感覺到她真的很孤獨。

談話到此結束，一直到抵達宿舍為止，陽子始終望著窗外，沒有轉過頭來。

【不知道小孩的爸爸是誰】

理惠・23歲

——「醫生說，小孩已經拿不掉了。」

還有一個我們忘不了的女孩，她是帶著八個月身孕到「嬰兒籃」的吉岡理惠，二十三歲。

岡田女士駕著小車，載著我到土浦火車站接理惠。在那裡等待的是個穿彩色長裙的漂亮女孩。

「謝謝您特地來接我。」

理惠活潑又開朗。進入宿舍後，她很體貼地在玄關幫大家把鞋子擺好，有點反客為主的感覺。我委婉地告訴她：「我們正在錄影。」她微笑著說：「知道了，希望我能幫上忙。」讓我們一時不知如何反應。

對於岡田女士的提問，她也是有問必答。

岡田：你什麼時候知道自己懷孕的？

理惠：從八月到十一月，一直有像月經一樣的分泌物，每次一個禮拜。十二月有一次不正常出血，兩天後就結束了，雖然覺得很奇怪，但我的經期原本就不正常，所以決定再觀察幾天。結果，月經還是一直沒來。我想二月時再去醫院看看，結果二月份，肚子就出來了。

岡田：哎呀！

理惠：我問我妹妹，她說：「是不是因為月經沒來，肚子發脹啊？」我也真怕了，買來驗孕試紙一檢查，結果是懷孕了。我以為還勉強來得及拿掉，先到醫院看看。第二天去了醫院，醫生說已經不能拿了。

理惠出生在關東附近的一座海濱城市。高中畢業後，她白天在髮廊工作，晚上在酒吧打工。酒吧認識的朋友勸她到東京，於是她赴東京，在夜店上班。租屋押金及生活費都是先刷信用卡，結果她欠了幾百萬日圓的卡債。

「我沒錢，憑著一股熱情離開家鄉。剛開始連生活費都沒有，所以我在夜店做過一段時間。我完全不知道（孩子的爸爸）是誰。最近我一直接案子做性派遣服務，應該是那裡的客人吧。我沒吃過避孕藥，而且做了很多次。」

當時我對夜店的工作內容一無所知，只知道「性派遣服務」一般是指女人在小房間裡，為男人提供性服務，但實際上是做什麼、還有其他哪些類型，我並不清楚。但那時我想既然小姐不能真的跟客人上床，為什麼她還會懷孕？

現在想來我真是孤陋寡聞了。當時聽了理惠說的話，我一頭霧水。

理惠懷了客人的孩子，連對方長什麼樣子都記不清。從那天起，我們便開始探索她內心的陰暗面。

「就連肚子裡的寶寶動一下，我都覺得噁心。」

開始採訪理惠兩週後，我們陪她去做產檢。為了防止體重增加，她每天晚上都在河邊散步，身體狀況似乎還不錯。

理惠去的是市內的一家婦產科醫院，這裡是「嬰兒籃」的合作院所。找岡田女士求助的孕媽媽們，基本上都是在此做產檢與生產。其中大部分的人都沒有做過產檢，屬於高危險妊娠。不少人直到做超音波檢查時，才知道原來預產期與自己以為的完全不一樣，還有人被發現罹患梅毒等嚴重傳染病。

「要找到能夠瞭解她們的狀況，並願意承擔風險的醫院，比什麼都難。」岡田女士一再地強調。

理惠坐在候診室裡，樣子有點奇怪。她沒有將手放在隆起的肚子上，雙手是像立正時一樣放在腿的兩側，沒有一點想要撫摸肚子的意思。

「怎麼說呢？或許我很冷漠吧。我沒有跟肚子裡的寶寶說過話。剛開始有胎動時，我只是覺得噁心。我知道自己肚裡有個小孩，但是我只能把寶寶當作一個物體，不生下來，不曉得有什麼感覺。」

她的話讓我心涼了一半。

對我們總是彬彬有禮、稱岡田女士為「救命恩人」的理惠，竟然這麼看自己的孩子，這讓我們感到震驚。

儘管如此，一想到孩子的爸爸是夜店的客人，要她去愛這孩子，也有點說不過去。

然而，接著她說出一句令我大感意外的話。她說希望孩子長得像她。既然「有小孩」這件事令她感到噁心，那為什麼她還希望孩子像自己？在這句話之中，潛藏了理惠對寶寶最基本的關愛。

「不像我怎麼行。又不曉得那個人是誰，就會有『你哪位呀』的感覺。我最討厭的就是他爸爸那種人，我的小孩可千萬別像那種莫名其妙的人，那是我在這世上最討厭的人。要是像他就太討厭，孩子太可憐了。」

「如果能過普通人的生活，那有多好啊！」

輪到理惠檢查。做完產檢出來後，她一臉愁容。聽說子宮頸口很緊，分娩還得等很長的時間。

「怎麼辦？我想早點生下來，看來還得多走走。」

離開醫院後，理惠沒有回宿舍，直接去河邊散步。

她走路的速度不像孕婦，而是一邊聽著音樂、一邊表情嚴肅地直直往前走。我們從旁搭話都覺得有點喘不過氣。

為了控制體重，孕婦一般要多散散步，而且適當運動有助於更順利地生產。然而，理惠每天熱衷於在河邊散步，並不單是為了這個原因。她是希望孩子早點出生，因為她還有很多債得還。

「我想早點回家，也想早點還錢。雖然有的錢可以慢慢還，但有些很急。急著要還的債務金額很大，恐怕光靠白天上班還不夠，得從陪酒做起。比起生小孩，我更擔心這件事。」

在「嬰兒籃」的團體生活過得很平靜。宿舍規定家事必須自己來。原則上，買食材也要自己花錢，但岡田女士會給身無分文的人食材費。岡田女士的母親偶爾也會送來自家種的蠶豆、菠菜等蔬菜。

與理惠同住宿舍的是十九歲的原紗織，理惠幫不會做家事的她打掃和煮飯。「她做什麼，我就吃什麼。我幫忙的話，反而一團亂。」紗織天真地笑著說。年紀較長的理惠愉快地照顧她。

一天傍晚，理惠一邊煮味噌湯、一邊小聲地感嘆說：「我覺得這就是普通人的生活啊。」

夜店的工作從傍晚開始，通宵與客人為伴，回家時已是上班族出門工作的時間。晝夜顛倒，不喝個酩酊大醉就睡不著。

「如果能過普通人的生活，那有多好啊！過了這種日子後，我覺得這才有種活著的感覺。」

她的話讓人心中頓感淒涼。

性工作到底帶給她什麼樣的生活？

懷了夜店客人的孩子，到了這個以拋棄孩子為前提的地方，才第一次體會到普通生活的美好……我找不出話能安慰理惠。

希望孩子至少長得像自己

七月上旬，理惠生下一個男孩。

在走廊隔著嬰兒室的玻璃窗，可以看到保溫箱內的寶寶。雖然剛出生，但他已經睜開眼睛了，長得很像理惠。

理惠躺在床上，從產室被推出來。我和村石小姐急忙躲進空病房，以免入鏡。走廊只留下攝影師拍攝理惠被推進病房的情景。

結束醫院的拍攝，回到編輯室看錄影時，我感到很悲傷。

理惠的床在嬰兒室前停下。她轉過頭，隔著大片窗戶，望著寶寶。大概是因為躺著看不太清楚，她瞇起眼睛看了一會，然後轉頭問了攝影師好幾次，「長得像我嗎？」

雖然從此可能再也見不到自己的孩子，再也無法確定兒子像不像她，但她到最後都希望孩子至少能像自己一些，而不是像他那不知名的父親。

【孩子的爸爸留下一句「請多保重」，就走了】

紗織．19歲

##——「我不想讓孩子跟我有同樣的經歷，也不想讓他過窮日子。」

十九歲的原紗織（化名）還在上資訊學校。她跟同齡的男朋友分手後，才發現懷孕。紗織和理惠一樣，都是過了人工流產的期限才發現自己有身孕。

我們至今採訪過許多年輕女孩，其中大多數人即使發現月經遲來，也以經期不正常為由而置之不理，直到肚子大了才發現懷孕。我們注意到許多女孩的生活節奏紊亂、吃飯不定時，對自己身體的變化反應遲鈍。

紗織是我們在「嬰兒籃」裡遇過年紀最小的。她非常活潑，喜歡打電動和看動畫，有時還會調侃男攝影師幾句。

她不僅沒有安靜的時候，有一次還趴在床上，以肚子為支點，四肢向上抬起來玩，戲說肚子是個很好的墊子，被村石小姐狠狠地罵了一頓。

瞭解實際情況後，我們才知道，就算是這麼調皮可愛的紗織，來到這裡之前，也經過一番內心掙扎。她給我們看了手機裡孩子爸爸的照片，一改往日的輕鬆，述說起自身經歷。

「拍這張照片的時候，我們的關係還很好，大概是十一月一號吧。起初我們有避孕。但也只有第一次避孕過，後來那傢伙總是說沒帶（保險套）。叫他去買，他就說對不起什麼的。他就是明知故犯。我們沒怎麼避孕，但因為一直以來都沒事，所以就大意了。」

現代人愈來愈晚生小孩，十九歲懷孕是讓人覺得太早了。但據說在紗織老家的高中，這絕不是什麼新鮮事。

「有四十幾個人（退學）消失，所以大概會少一個班左右（的學生）。其中大部分

紗織．19歲：「我不想讓孩子跟我有同樣的經歷，也不想讓他過窮日子。」

是男生，有的是腦子不靈光，有人是嫌被罰停學太麻煩，就乾脆不念了。如果是女同學不繼續念書，問她在做什麼時，一般都是說她去生小孩了。」

當紗織聽醫生說只能生下孩子時，她也曾下定決心要自己扶養。

雖然跟孩子的爸爸分手了，但紗織內心曾期待若是告訴他自己懷孕了，或許他會說「那就結婚，把小孩養大吧」。她想假如對方這麼講，她就會和他結婚。

結果他完全沒那個意思，堅持說：「就算孩子生下來，我也不負責。」最後見紗織轉身要離開，他對她說了一句令人難以置信的話。

「他竟然說『請多保重』！我真想當場揍他一頓。但我強壓著怒火，笑咪咪地對他說再見。雖然我沒有哭，心裡卻感嘆不能指望這種人啊！我媽聽了說，男人都是一個樣。」

孩子的父親不負責任地走了。但如果有父母幫忙，紗織還是可以選擇單親之路。不過，她說被前男友拒絕時，她就放棄自己養小孩的念頭了。紗織堅持要結婚是有原因的。

她四歲時，父母就離婚了。成長於單親家庭的她在上小學期間，家中經濟狀況非常差。

後來母親再婚，雖然和繼父一起生活，但是夫妻關係不和，總是吵架，紗織常常得居中調節。

「我不想讓孩子跟我有同樣的經歷，也不想讓他（她）過窮日子。有一段時期，我一下子到爸爸家住，一下子又住在媽媽家。我自己走過父母離異的路，正因為體會到那有多苦，才覺得單親的小孩很可憐。」

住在「嬰兒籃」期間，紗織同時也在為學校的考試複習。生小孩得留級一年，學費負擔也會增加，她很在意這一點。我至今都忘不了她一臉愧疚地撫摸著圓滾滾的肚子，說著：「我想早點工作，早點把錢還給我媽。」

紗織・19歲：「我不想讓孩子跟我有同樣的經歷，也不想讓他過窮日子。」

懷孕奪走了一切，包括工作、住處和人際關係

我們在「嬰兒籃」遇到許多女性，她們的故事，多得寫也寫不完。有些人是兒時受虐，有些人遭到男友、配偶施以肢體暴力或性暴力。

我常想，如果她們能夠備受關愛地長大，或是遇到更珍惜自己的愛人，她們的人生一定會是另一番光景。

看到這些女性，讓我痛感到一個現實：懷孕，在瞬間剝奪了她們安定的生活。

不僅是約聘職的女性，懷孕後失去工作和住處；即使是正式職員，也有人盡量隱藏身孕，以患急病為藉口，然後在此期間把孩子生下來。我就遇過這樣的女性。

在無法工作那段期間，她們沒有人可以依靠。有許多女性與父母、手足的關係很淡薄；有人不知道雙親是否還活著；有人是想依靠，對方卻反過來向她要錢；男友和丈夫也不可靠，一旦知道她們懷孕了，便音信全無。

這些狀況，我們在採訪時已多有所聞。雖然每天都傳訊息、用LINE跟網友聊天，但真正有需要時，連對方住哪兒、在哪裡上班都不知道。

沒有他人支援及協助，要安然度過懷孕、生產時期，是非常不容易的。社會應該援助缺乏家庭、伴侶與工作支持的女性，讓她們即使缺少經濟能力，也可以放心地生養孩子。若沒有形成這樣的支持系統，這些母親被逼得走投無路的悲劇仍將不斷上演。

每年從全國各地湧向「嬰兒籃」的諮詢就多達七百多件，我們必須正視這個現象。

第六章　代間傳遞效應

文◎板倉弘政（ＮＨＫ報導局社會部記者）

●為什麼經濟窘困的女性日漸增加？

不管在哪個時代，貧困問題始終是重要的社會議題，但是，關注點基本上都是男性。

從某種意義來說，**「年輕女性的貧困問題」**一直被忽視。

窮忙族、派遣合約解除，與貧困僵化的社會

二〇〇六和二〇〇七年是崇尚自由競爭與自我責任的年代，其中一定有人沒跟上時代潮流，而被淘汰。我們獨家採訪了所謂「貧困層」的實際狀況——他們無論再怎麼賣力工作，也無法脫貧——在「窮忙族」專題報導中，持續報導超過一年。

二〇〇八年，美國投資銀行「雷曼兄弟」破產引發的雷曼危機，導致全球金融風暴。

在日本，以汽車產業、電機廠等為代表的製造業，大規模地停止與派遣勞工續約，隨之而來的是派遣公司解僱員工，並且不再僱用新人。這就是所謂的「派遣員工裁員」問題。

NPO組織在東京日比谷公園設立的「派遣村」[12]，正是這個時代的一個象徵，引起各大媒體爭相報導。

不過，大部分的新聞是以男性的困境為焦點，如失去正職工作、得不到續約等。而透過這次的採訪調查，我們認知到在這樣的背景下，女性的貧困——特別是年輕女性的貧困，正在悄悄地擴散。我們還發現在「窮忙族」節目中並未著墨太多的情況：父母輩的貧困，正在對孩子們「代間傳遞」。

由於女性貧困問題被置之不理，最終便形成貧困傳向下一代的現象。

拖著行李箱的「漂流少女」

新宿車站是東京的重要交通樞紐，許多百貨公司和服裝店林立周圍，滿是前來購物的年輕女性。車站一天的平均上下客數達三百多萬人次，居世界第一。

在熙熙攘攘的人群中，不斷有拖著各式行李箱的年輕女孩出現。行李箱有粉紅、天藍等粉嫩色彩，箱子上畫著知名的動畫角色，或是點綴著亮晶晶的裝飾物，樣式形形

---

12 譯註：在二〇〇八年年底和二〇〇九年年初，NPO組織為了失業又失去住處的派遣勞工送暖而設立的臨時庇護所，引起日本媒體廣泛關注。

色色。

晚上九點半，百貨公司等商場已到了關門時刻，拖著行李箱的女孩格外引人注目，乍看像是從外地來旅遊的。

然而，當我們逐一詢問這些拖著行李箱的女孩之後，才知道她們大多數是付不起房租，徘徊在營業至深夜的各種店家，唯一的慰藉是手機。

在通往新宿歌舞伎町的路上，一名拖著斑馬條紋行李箱的年輕女孩就是其中之一。

「我十八歲。」女孩低著頭回答。她拖著行李箱，浪跡於網咖和熟人家。

她看起來是個很普通的女生，打扮得很漂亮，跟「貧困」這個詞的形象完全不符。

可是聽說了她的身世後，才知道與光鮮亮麗的外表不同，她的經濟狀況十分窘迫。

「我家是單親。我念小學三年級時，爸媽離婚了。媽媽獨力帶大我和妹妹，但是我們一直沒有錢，過得很辛苦。因為我們家的經濟狀況不好，媽媽早上六點就得離家工作，第二天凌晨三、四點鐘才回來，真的很辛苦。」

她高中時就辦了退學，來到新宿，在一家提供住宿的居酒屋打工。

女孩把行李箱放在腳邊，站著跟我們說話。「我想自立，想離開家，想一個人生活，還有就是不想給媽媽添麻煩，成為她的負擔。媽媽很辛苦，妹妹還是小學生，很不容易。」

在這次採訪中，我們決定問每一位受訪女性一個同樣的問題：

「你將來的夢想？」

雖然從她們的悲慘現狀來看，這樣問有點殘忍，但是，夢想是任何人都可以擁有的，所以如果不問她們的夢想便直接說：「是嗎？今天謝謝您跟我們說這些，加油喔！」是無法結束這次採訪的。

「啊？夢想嗎？以前曾想過當幼教老師，但是我高中沒念完，已經放棄了。如今我只想專注於現在的工作。」

比起夢想，現在的她只能思考怎樣才能活下去。她一邊握著行李箱拉桿、一邊跟我們聊天。我們雖然對她說「加油喔」，但不知她是如何理解的。或許她會以為只是單純地鼓勵她活下去……這麼一想，讓我們心中一片悲涼。

24小時營業的咖啡館，「插座」有如生命線

少女將所有財產放進行李箱，深夜裡，在餐飲店等地方漂流。聽說有一家咖啡館到深夜有許多這樣的少女聚集，我們立刻趕去。

新宿歌舞伎町的正中心是新宿區政府所在地，附近有一家二十四小時營業的咖啡館，玻璃窗上貼著**「內有插座！」**等幾個大字，吸引著過往行人。

進入店裡，可以看到因招攬顧客太累，正在喝咖啡的牛郎與皮條客。還有幾個年輕女孩無所事事地孤伶伶坐著，身旁放著行李箱或旅行袋，一看就知道是我們在街上遇到的「漂流少女」。

她們總是坐在被稱為「電源座」的位置上，這是店家招徠顧客的一個亮點。電源線像白蛇似的沿著牆，拉到座位上。那些無家可歸、在咖啡館和速食店間漂流的少女，可以在這裡替算是唯一「生命線」的手機充電，並捱到天亮。我終於明白那張寫著「內有插座！」的海報，像標語一樣貼在玻璃窗上的意思。

在這家咖啡館，我訪問了許多女孩造成她們今天這種狀況的原因。

【父母離異，在育幼院長大，低收入戶，離家出走】

拉拉・19歲

——「夢想？沒夢想。」

有一個頭髮染成淡紫色的女孩，一坐到電源座，就從包包拿出充電線開始幫手機充電。雖然是採訪，但我的年齡比這些年輕女孩大了十幾歲，主動跟她們搭話還是需要勇氣的。為了找到切入點，我提起一些輕鬆的話題，比如裝作對她的豔麗髮色感興趣，或是第一次來這家咖啡館，對店裡有「電源座」很吃驚。

「做什麼？聊天嗎？」

自稱叫「拉拉」的女孩今年十九歲。剛開始，她對我有戒心，但不一會就放鬆警戒，一個人滔滔不絕地講起來。

「頭髮的顏色？我還是第一次嘗試染成紫色呢。我喜歡紫色，手機、錢包都是紫色，做美甲也是紫色的，嘻嘻嘻。

「不過，還是智慧型手機最重要，沒有它，就無法跟外界聯絡。這裡有插座，所以我才待在這裡。地下室也有很多像我這樣的女生。」

雖然很高興搭上話，但是她衣著華麗，我又擔心或許她只是出來玩的，這樣一來，這次的採訪就沒有意義了。於是我問她為什麼會在這裡，她的回答讓我吃了一驚。

「啊，我們家是低收入戶。家裡沒錢，也不能指望父母，我只能自己賺錢，但是沒有住的地方，所以就在這裡待到天亮。」

拉拉說自己無法依靠領低收入戶補助的父母。聽到這段與她那光鮮亮麗外形截然不同的回答，我不由得震驚。她從小到大所經歷的一切，更是坎坷。

「我很小的時候，爸媽就離婚了，我跟著爸爸。可是幼兒園畢業後不久，我就被送進育幼院。你問那是不是虐待？我也不清楚。只聽說我還有一個哥哥，爸爸養活不了兩個小孩，就把我送去育幼院。我在那裡一直待到十八歲高中畢業。離開育幼院回到家後，發現不知道什麼原因，父親臥床不起，領低收入戶補助。」

沒有父母可靠的拉拉離開了家。起初，她找到一份護理工作，但是薪水很低，不久便辭職。後來她在漫畫喫茶店、網咖都待過，現在是待在二十四小時咖啡館和速食店。有時她在餐廳打工，有時則透過援交，跟男人拿零用錢過日子。

「雖然我也想過自殺，但是我沒有割過腕，也沒吸毒，什麼都沒做過。只是這種壓力無限膨脹，真想找個東西砰砰地砸個稀巴爛，我常這麼想。」

雖然拉拉表面上看起來活潑、開朗，但是當回憶起過去時，感覺她的情緒愈來愈低落。問起她的夢想，聽到的果然還是自暴自棄的回答。

「夢想？沒夢想。結婚嘛，想是想，但是不能要小孩。雖然看別人的孩子可愛，但我不想要自己的小孩。我自己都顧不好了。說是嫌養小孩麻煩嘛，不如說是我不想生，因為自己賺錢很不容易，養孩子更難。話說回來，能不能結婚還不一定呢。」

【父親失業，從國中開始就以援交謀生】

吉吉・16歲

——「經歷了太多，也看過太多，我已經什麼都無所謂了。」

店裡還有一個女孩，看起來很緊張，一直用指甲摳杯子。她很年輕，一頭及腰的茶色長髮，似乎比拉拉還小好幾歲。儘管如此，我還是鼓起勇氣上前與她攀談。

「你想做什麼？好嚇人。你不會是警察吧？」女孩眨眼盯著我看。

我穿得像上班族，與店裡的年輕牛郎和皮條客明顯不同。在她的眼中，我看起來像是輔導未成年少女的警察，這也可以理解，因為她才十六歲。我為了害她受驚致歉，並且盡量柔和地說明我們採訪的來意。

「要錄影嗎？喔，反正也無所謂。」

這個十六歲的女孩自稱叫「吉吉」，很明顯不是真名，我們覺得這樣也無所謂，便繼續採訪。

她的父親（繼父）曾在鮮魚市場專門負責殺魚，因手受傷而失業，因此吉吉在國中畢業後，就離家獨立生活。但是十六歲的女孩哪有什麼謀生能力，她之後的生活不難想像。

「我做援交賺錢，現在正在等客人的電話。因為未成年，所以連想打工都找不到，也只能如此。平常我也是這樣邊給手機充電、邊在這裡待著。」

吉吉十六年來的人生經歷，令人無法想像。父母在她很小的時候就離婚，母親後來與在鮮魚市場工作的人再婚。然而，繼父受傷後自暴自棄，家庭經濟情況十分緊迫。

「我念完國中就不上學了。爸媽也沒講什麼，感覺只要我能找份工作就好。第一次做援交賺錢是國中二年級……幾歲呢？好像是十三、四歲吧。」

不僅僅是經濟上的貧困，吉吉還曾幾次遭到沒有血緣關係的繼父性侵。

「我曾經遭到繼父性虐待……或許他是因為沒了工作，心情很差吧……剛開始是小學四年級，當時我不清楚他在對我做什麼。我真想詛咒小時候。」

貧困、加上性暴力，為了擺脫這些，吉吉離家，開始獨自生活。但是十六歲的她無處可住，只能用援交賺來的錢，在漫畫喫茶店、咖啡館等處流浪，每天只為尋找一個可以休息的地方。年僅十六歲的吉吉眼中，流露出濃濃的倦意。

「漫畫喫茶店、澀谷的……我去過各種店、各種地方，真的心累了……」

「能活到三十歲就知足了。」

吉吉一反低落的情緒，很興奮地給我們看一張照片，那是她和相差好幾歲、還在念小學的妹妹用手機拍的合照。

「這是我妹妹喔！我們的合照只有這一張。我妹妹很可愛，我偶爾回家時，會用賺來的錢幫她買些零食或是她想要的東西，因為我想爸媽沒錢買給她。」

一談到自己的事情，吉吉的表情又憂鬱起來。

吉吉．16歲：「經歷了太多，也看過太多，我已經什麼都無所謂了。」

「能活到三十歲就知足了……到了三十，就夠了吧。」

「你沒有夢想什麼的嗎？」

「沒有。」

「真的沒有夢想嗎？」

「沒有夢想啊。以前想過當模特兒，現在也不可能了。我已經累了，絕對不可能了。雖然我才十六歲，但是經歷了太多，也看過太多，我已經什麼都無所謂了。」

在這次採訪中，我們遇到許多「漂流少女」，她們說出的話都驚人的相似，其中一句便是「能活到三十歲就知足了」。儘管是為了擺脫經濟困境，但是這些年輕女孩賺錢的方法非常有限，許多人不得不靠援交等。這份工作就是吃青春飯，所以她們才會說「到三十歲就行了」。

大街上隨處可見拖著行李箱的少女。在速食店、家庭餐廳和咖啡館，也經常遇到替手機充電的少女。進行這次採訪之前，我從未在意過這些日常生活場景。但是，真正聆聽了她們的述說，我才明白在這種現象背後的是貧困的淒慘現實。她們奮力想掙脫，然而垂死掙扎的結果，卻是「漂流」在這社會上。

【從愛媛到東京，現代版的「打工妹」】

夏木・19歲

——「其實我也想依賴媽媽，但又不能，媽媽也過得很緊繃。」

經濟窘迫的年輕女性大量存在，這讓我們體會到現實生活很殘酷的一面。但是，她們的貧困並不是自己造成的，在這之中，不可忽視的是上一代將貧困傳給了下一代。

在新宿的巴士總站，從東京去外地、或是從外地來到東京的夜間大巴不斷進出，人們拿著大包小包來來往往。在人群熙攘中，我們遇到了一個年輕女孩，隨後對她展開長達一個多月的採訪。

伊藤夏木（化名）十九歲，一身黑紫色的搖滾風格打扮，乍看不易親近。一字形劉海讓她的臉龐顯得非常稚嫩。她輕快地拖著英國米字旗圖案的紫色行李箱。

「我經常來東京打工。」

夏木在愛媛縣的奈德社會福利大學念書。為了賺得大學四年的四百萬學費，每逢春假、暑假等長假，她便搭乘夜間大巴到東京打工。

她要去的是新宿車站東口附近的網咖，到東京打工時，為了省住宿費，她每次都會住那裡。

「這裡非常便宜。偶爾我也會住旅館，但是再便宜的青年旅館也相當於這裡兩到三天的價錢。這裡真的是太便宜了。我到哪兒都能睡著，要是硬挑這裡的毛病，就是睡著後偶爾會全身痠痛、有時會聽到雜音。缺點就只有這些了。」

夏木在網咖住的房間約半坪大。雖然我們是採訪，但畢竟是一個十九歲女孩住的地方，我身為男性還是不好意思進去。房內放著她在巴士站拖著的行李箱，洗過的衣服擁擠地掛在一起，此外就沒什麼空間，所以只能由女編導進去訪談。

在外人看來，採訪的情景一定很滑稽：夏木和女編導坐在小房間裡，男攝影師只進去半個身子，身為記者的我則在他身後提問。這是因為我們不希望因為空間窄小，而增加夏木的心理負擔。

四百萬的學費和生活費，都得自己扛

夏木說她的四百萬大學學費是靠學貸支付。但學貸早晚都要還，因此她來東京打工。

「學貸是要還的，大概有四百萬日圓吧。大學畢業後，一點一點地還，也需要二十年，那還不如早點存錢，一下子還清。學貸就像是債務，我很討厭這種一直欠債的感覺。」

夏木的父母在她十二歲時離婚，此後，她就和打零工的媽媽一起生活。媽媽已經很辛苦了，她不能再依賴，只能外出打工，自己想辦法解決學費和生活費。現在她已離開家，住進便宜的大學宿舍。

「家裡不能寄錢給我，我不工作的話就沒有錢。生活費等所有花費，媽媽一點也拿

夏木・19歲：「其實我也想依賴媽媽，但又不能，媽媽也過得很緊繃。」

不出來。我們家是單親，經濟情況很緊。媽媽每天打好幾份工，自己想做的事也不能做。我覺得她真的很辛苦，一個女人一手把孩子拉拔大，真的是非常不容易，這是我的親身體會。」

認為上了大學，一定能擺脫困境

夏木是為了擺脫生活困境而上大學。但是在得不到母親幫助的情況下，為什麼她還要花錢念書？

她周圍的人大部分都是國中或高中畢業就去工作，她的母親也是高中畢業。然而，夏木說她是為了脫離困境，才想去上大學。學歷高，不僅對找工作有利，到了大學，還可以接觸與自己的成長經驗完全不同的環境，連交的朋友也不一樣，因此一定能擺脫生活困境。用夏木的話說，這叫「開拓視野」。

「我本來就想上大學。我覺得考慮到未來，還是選與社會福利或教育有關的學校比較好，社福和教育類的工作比較穩定。沒上大學的人只能打零工，還是有一份穩定的工作比較好。而且大學畢業生的起薪比高中畢業生高一些。大學畢業了，好像未來就不一樣了，比如好找工作，視野也開闊了。

「反觀我那些只有國中和高中畢業的朋友，她們總是說找不到工作。我覺得現在的社會，上了大學還是會有工作的。而且我的朋友們結婚早、孩子多，幾乎都當媽媽了。她們也想找地方托小孩，出來上班，但是沒有學歷根本找不到工作。雖然學歷並不能代表一切，但是有了學歷，絕對沒有壞處。」

在最低時薪六百六十六日圓的家鄉，賺不到錢

夏木的老家愛媛縣，最低時薪是六百六十六日圓（二〇一四年四月的數據），在全日本是屬於低薪的。在當地打工賺不了多少錢，因此每當新年前後、五月的黃金週、暑

假、寒假等學校放假時，她都會到東京打工。

她現在身兼三份工作，白天到薪水高的工地、晚上當餐廳服務生等。她吃著拉麵，並且小聲說出不像是一個十九歲女孩說的話。

「做兼職是受媽媽影響，而且我也很喜歡工作，真恨不得能一直不停地做下去。高中時也一樣，要是每天都去上學，就存不了錢，那時我就想，怎麼樣才能一邊上學、一邊工作？後來我中途轉入函授高中，這樣半工半讀，現在才能上大學。還是一直不停地打工比較好。人生沒有錢是不行的。我沒有空歌頌什麼愛與和平，只能工作、工作再工作，拚命賺錢。只要有錢，想做什麼都可以，可以買喜歡的東西，或是留作備用。」

從夏木的生活方式，也可以看出她無時無刻不在省錢。電視櫃下方放著一捆捆整齊的購物單據，旁邊則堆放著在便利商店拿的免洗筷、街上發的面紙等物品。

「那是購物單據，我在記帳，所以一般都會拿這個。一個月兩次，我大概在十五號和三十號整理這些，還有記帳。

「這邊是筷子、面紙和便利商店的塑膠袋，我把還能用的東西都這樣收起來。飯錢也是超級節省。基本上是一切都得省。便當我也買便宜的二十日圓。能便宜二十或是五十塊，還是不一樣的。有時我一天連一千塊都花不到。」

「真是稱職的主婦。」

聽我們這麼說，夏木不好意思地笑了。接著她高興地給我們看一樣東西，是她用手機跟母親拍的合照。母女倆親密地臉貼臉，手比著V。在網咖的昏暗房間裡，只有這張照片閃閃發光。她說這是她來東京打工前，她們在購物時照的。

「我和我媽可親了，每天都打電話、傳訊息。我沮喪的時候，她會鼓勵我。我在東京工作時，她也會擔心地打電話來問情況。坦白講，其實我也想依賴她，但是又不能，媽媽也過得很緊繃……」

【女兒赴東京打工，母親也是打兩份工。我們決定採訪夏木的母親，便請她打電話回家聯絡。她的母親住在愛媛東部小鎮的公寓，臨近瀨戶內海。】

夏木．19歲：「其實我也想依賴媽媽，但又不能，媽媽也過得很緊繃。」

【打兩份工，每個月還賺不到十五萬】

香月（夏木的母親）‧43歲

——「我真沒用啊！想為女兒做的事，一件也做不了。」

夏木的母親叫做伊藤香月（化名），四十三歲。

伊藤女士早上八點便來到停車場，很客氣地招呼我們說：「早安。讓你們大老遠地來，真是過意不去。」

應該感到抱歉的是我們，一大早就來打擾。我們直接跟著她去上早班。

伊藤女士在離婚以後，想著必須做全職，但是在當地只找得到兼職，因此她打兩份工，獨力扶養孩子。

一早在上班路上，她輕巧地駕著小型車，和我們聊天。

「基本上是在家和工作地點之間來來回回，一天就結束了。兼差也是為了生活。我們家就母女兩人，我得撐起這個家。女兒也在打工，我們倆互相支持。靠女人的薪水，一份工作是遠遠不夠的。如果手頭寬裕，我也沒有必要打兩份工了。」

伊藤女士終於抵達她工作的錄影帶出租店，工作時間是早上九點到下午三點。換上制服後，伊藤女士與年輕店員們一起整理借出或歸還的ＤＶＤ、ＣＤ。雖然一直是站著工作，但她表示已經習慣了。

錄影帶出租店的工作結束後，她先回家休息一個小時左右，下午五點去第二個工作地點——連鎖便當店。她換上第二套制服，還必須戴上帽子，因為食品工作很注重衛生，這是為了防止髮絲掉落。晚上九點之前得一直不停地做便當。這家店靠近高速公路出入口，來買的客人大多是長途貨車司機。

伊藤女士的時薪是七百二十日圓，就算打兩份工，每個月也賺不到十五萬日圓。我們問她，沒有薪水更高的工作了嗎？她回答都已經這年紀了，還是做慣了的地方好。

「嗯，應該有薪水更高的地方。但現在的工作，時間比較靈活，幫了我很大的忙。女兒上國中時，我們家離學校很遠，得天天接送。我早上送她到校後，就直接去上班，一份工作結束後去接她，送她回家後，再去上第二個班。在我最辛苦的時候，店裡的人很通融，因此我想一直在這裡做下去。」

兩份工作結束後，回到家已經十點了。白天在我們面前神采奕奕的伊藤女士，此刻也神情疲憊。她從冰箱拿出超市買的打折沙拉，一個人吃著晚飯。

在日本，從事非正職工作的比例，男女均有增加。然而，女性的平均薪資只有男性的八成。伊藤女士沒有能力儲蓄，因此也沒有繳年金。

「兩份工作加起來，最多也就賺十四、五萬日圓。不管再怎麼累，也不能休息，一休息就沒飯吃了。這也沒辦法，只能想開點，堅強活下去。」

幫不了女兒，心有愧疚

寂靜的房間，突然響起手機鈴聲。

「不好意思，我女兒來電話了。」

「喂，身體還好吧？晚飯吃過了嗎？吃得太晚就不是晚飯啦。明天？明天也像平常一樣要上班。」

伊藤女士儘管自己也很疲憊，仍然掛念著整天打工的女兒。

她回憶起女兒說想上大學的事，說：「女兒跟我說她想上大學，但我實在付不起那筆學費，雖然我也想讓她去念。當時我就想，我能做什麼嗎？應該怎麼辦呢？可是她說：『媽媽什麼也做不了的。沒關係，我也沒指望你。』我真沒用啊！想為女兒做的事，一件也做不了。其他父母為孩子做的事，我一個人能為她做多少？最近偶然聽到她說對『窮』這個字很敏感。為了不過窮日子，她一直都日夜不停地忙碌。她講的那句話很重。一想到她是因為過去有感而發，我的心情就格外沉重。」

香月（夏木的母親）‧43歲：「我真沒用啊！想為女兒做的事，一件也做不了。」

一直打著兩份工、竭盡全力獨力扶養孩子的伊藤女士，自己也過得水深火熱，誰又能責怪她？

轟隆隆、轟隆隆——窗外傳來火車駛過的聲音。月色分外明亮，在東京很難得見到如此美麗的月亮。

在母女二人相依為命的這個房間裡，有一樣東西表達了夏木對母親的關切之情，那是在報紙夾頁廣告背面寫上的鼓勵標語，字體強勁有力，貼在客廳的牆壁上。

目標：再減十公斤！向名模看齊！

「這是我女兒寫的，說是為了身體健康，要我減十公斤。說起來怪不好意思的，有人說過我瘦一點的話，有點像上了年紀的名模玲奈。」

希望能過年薪三百萬日圓的穩定生活

東京新宿的網咖內，這天，夏木結束了一個月的打工期，正在為回家做準備。再過幾天，學校就要開學了。她急急忙忙地往行李箱裡塞衣物。

她說今後一放假，就會來東京打工賺學費。大學畢業後，她想從事與社會福利有關的工作，同時幫助母親。

「畢業後，我有很多想做的事情，比如去賣衣服、當幼教老師、做護理和社福方面的工作。如果能找到穩定的工作，我也想要只做一份。但是要到我能鬆一口氣、過穩定的生活之前，大概一直都得同時兼兩三份工作吧。」

採訪即將進入尾聲，我注意到夏木不停地說「穩定」這個詞，如「穩定的生活」、「穩定的工作」……對她來說，穩定是什麼呢？

「你經常說『穩定』這個詞，你很期待嗎？」

「對。我想找一份每個月有固定收入的工作。」

「多少薪水才算穩定？」

「嗯，年薪三百萬日圓左右吧。」

「你能找到這樣的工作嗎？」

「唔，這個不好說啦，要是能找到最好了。等上班後，我想報答媽媽，每個月給她五、六萬日圓。媽媽經常說我們是單親家庭，或者『只有媽媽一個人在，讓你受苦了』之類的話。所以我想讓媽媽輕鬆一點。」

我們把夏木從網咖送到巴士總站。她要搭乘的是晚上九點出發去松山的深夜大巴「夢想號」。臨上車前，她對我們說了一番慷慨激昂的話。

「我的目標是三十歲之前還完學貸。最好是在二十五、六歲之前吧。我還會回來的！」

現代版「打工女孩」夏木為了擺脫窮困，選擇上大學。雖然現在她必須忍受不停打工的痛苦，但是我衷心盼望她現在的付出，能夠像她搭乘的夜間大巴名字那樣，成為通往未來夢想之橋。

可以居住的網咖

夏木住的網咖，位於ＪＲ新宿站附近的一幢鬧區大樓裡，近幾年來，這裡的女性顧客愈來愈多。這家店最多容納六十四人，其中有百分之七十是長期居留的女性。她們的理由是可以把網咖當成住所。經過與政府單位交涉，長住客可以將這裡的地址作為自己的聯絡住址。此外，這家網咖還提供包裹代收服務，店員會將住客的包裹、信函等郵件轉交給本人。

網咖一天的費用是兩千四百日圓，長住一個月以上的費用是一天一千九百日圓，不但有個能夠躺下睡覺的地方，還可以上網、有免費飲料喝，微波爐也可任意使用。若另外再繳錢，還能用淋浴和洗衣機，真適合居住。

在現代社會，沒有固定住所，很難找到工作。人生隨時可能遇到挫折，誰都可能會生病，或是失業、離婚。在這個時代，即使是自己開公司，也有可能因經營不善而破產，這種情形並不少見，不能僅因為一次失敗，便從此一蹶不振。

假若沒有協助人們東山再起的社會機制，社會也沒有接受這一點的包容力，實在太悲哀了。

這個網咖集團的協助方法是提供適合「居住」的服務。而另一方面，由於收費低廉，也意外地吸引了一群生活困苦的人。以東京為中心，目前已擴展至四家分店。

【在網咖，已住了兩年半】

彩香・19歲

——「到了這地步，我只能認命，否則連活都活不下去。」

在這家網咖，我們遇見一位待了最久的女孩。在這次採訪中，她的生活狀態和成長經歷最令我們震驚。

她叫彩香（化名），十九歲。黑髮的她留著娃娃頭，戴口罩，上身穿帽T加牛仔外套，搭配蓬裙，感覺柔和。若是在路上遇見她，會覺得她是個很普通的青春少女。

見她走出房間，我心裡疑惑：「這樣的少女住在網咖裡？」輕聲問她：「你是新來的嗎？」

「啊？你說這裡嗎？嗯……大概兩年到兩年半吧，已經很久了。」

十九歲的女孩，竟然在網咖住了兩年半?!可以算是「網咖難民」了！

彩香怕在走廊上說話會影響別人，便請我們到她的房間裡。

房間約半坪大。一進門，只見左右及面前的牆上掛滿衣服，大部分都跟她身上穿的一樣，屬於寬鬆類。她把生活用品都帶了進來，另外還有包包、冬季大衣。在這些衣服中間，夾雜著待晾乾的衣物。入口處掛著一塊黑色毛毯，門框上擺了好幾雙靴子和鞋。

屋內不髒，但是物品很多。左右掛著的大量衣服使空間更狹窄。

由於這是女生的房間，我們出於最大限度的尊重，由女編導進行訪談。

「會來這裡，最主要是因為沒地方住。至於其他原因……剛開始因為沒來過這種地方，覺得很好玩。不過，現在更希望能夠快點離開。這裡什麼人都有，無法安靜休息，而且得考慮續約租金的問題，每次都必須在到期之前續租。」

一天一千九百日圓的確很便宜，不過一直住下去，也得花很多錢，還不如自己租房子。於是我們問彩香：「不想租個公寓什麼的嗎？」她的回答讓我們感覺到，她想要改變現狀的想法已經不那麼強烈了。

「我也想找房子，但是押金和見面禮金都很貴，這些全部要自己出，實在太難了。」

驚現「網咖家庭」

彩香有一次四處物色房子，想要租屋，但到了最後的簽約階段，需要監護人同意，而母親反對她這麼做。因為有過這樣的經驗，彩香才放棄。

聊到這個話題時，彩香告訴我們，她的母親也住在這裡。我們聽了，一時不知該作何反應。

彩香的母親四十一歲，她們是一起住進網咖的。我們也想聽聽她母親的想法，於是來到同一條走廊的另一個房間。跟彩香的房間一樣，門上方的木框上擺著靴子和鞋。這間房門口掛的是紫色毛毯。我們敲了幾下門，從屋內傳來回應：「是誰呀？」

我們表明自己是ＮＨＫ的記者後，母親十分小心地打開門。

「我們剛採訪過您的女兒。」

「是嗎？我女兒接受採訪無所謂，但我就不用了。」

母親不想接受我們的採訪。當然，這也不能勉強，我們決定不錄影，只問問她來這裡的經歷。「您是做什麼工作的？」

「做派遣工作。」

母親說自己是派遣人員。這種工作的範圍很大，她沒有告訴我們具體工作內容，只說有時會因此離開一兩個月。

她在十年前離婚，獨力扶養孩子。當時，她是醫院的護理助理，最後由於日子過不下去，而來到此地。

緊接著，我們又發現一件令人震驚的事——在網咖內，還有一個彩香常去的房間。那是在另一條走廊的盡頭，與彩香和母親的房間不在一起，門口掛著紅色毛毯。彩香打開門，從昏暗房內傳來一個小女孩的聲音：「咦，什麼事？」

有個可愛的少女探出頭來，劉海剪得筆直，左右紮了兩根辮子——她竟然是彩香的妹妹小萌（化名）。

「你幾歲了?」
「今年十四歲。」
「十四歲?!那麼今年你是上國中幾年級?」
「國三。」
她已經半年沒上學了。
母親和姊妹倆同住在網咖裡，這太令人震驚了。以前曾聽說「網咖難民」一詞，而單親家庭一家都住進網咖，意味著出現了「網咖家庭」。這真是在日本發生的情況嗎?
面對眼前的現實，記者、編導、攝影師等工作人員吃驚地互望。這已經不能用震驚和衝擊來形容了。大腦裡一片混亂，在年幼的小萌面前，我們僵住了，不知如何是好。

姊妹倆，一天僅吃一餐

姊姊彩香在便利商店打工，每週五天，從網咖走路就能到。對於因窮困而沒念完高中的彩香來說，這份工作來之不易。

她換上店裡的制服，在收銀臺熟練地找零錢給客人的樣子，看起來得心應手。不瞭解內情的人，怎麼也想不到她竟然在網咖待了兩年多，還以為這只是稀鬆平常的情景，就是一個普通的十八、九歲女孩在便利商店打工而已。

從便利商店回網咖的路上，彩香低著頭走在新宿的熙攘人群中，蓬鬆的裙子一路輕盈地舞動著。

穿越火車軌道的護欄時，我們正好從一個露宿街頭的人身邊經過。他躺在路旁，底下鋪著紙板。街頭露宿者和網咖寄居者，兩者都是無家可歸，但是在兩者之間又有著天壤之別，稍多陷一步，或許馬上就會變成前者。

彩香偶爾抬起頭，仰望新宿街頭的霓虹燈。

在便利商店打工能賺到十萬日圓左右，再加上母親給的幾萬日圓，就是姊妹倆的生活費。彩香從店裡買回每天吃的食物。

一天吃一餐。在網咖的昏暗房間內，十九歲的姊姊和十四歲的妹妹緊挨在一起，分食麵包和飯糰。這樣還填飽不了肚子時，就去喝店裡的免費飲料。

她們倆咕嚕咕嚕地喝著除了糖分以外，既不含果汁、也沒有維生素的橘子水。以這種吃法，將來必定嚴重影響年輕姊妹的身體健康。

「我們兩人合吃一個麵包。買一塊方形麵包，一人一半分著吃。打工回來很累，比起吃飽，我更想倒下去直接睡覺，所以不怎麼覺得餓。餓了就去買一個飯糰吃，或者買可以用微波爐加熱的飯，在白米飯上撒紫菜鹽，一般吃這種東西居多。」

好不容易賺來的錢，最終都消失在網咖住宿費和飯錢上。她們總不至於想一直這樣住下去吧。對於未來，彩香有何打算？

「我想等我二十歲就離開這裡。妹妹也要好好上學。可是，雖然知道必須這樣做，但真要付諸行動時又會想反正很難實現，結果就什麼也沒做。」

妹妹小萌來到網咖之後，就討厭外出，一直把自己關在房間裡，整天坐在電腦前跟陌生人聊天。有時生病發燒，但因為沒有健保卡，無法上醫院，只能在房裡一直躺著。

「雖然也想出門去，但是我見不得人多，人一多就頭暈。看著這個（網路聊天頁面），半夜會睡不著，所以我只玩半天，其他時間什麼也不做。LINE群組裡的朋友說，要我跟他（她）一起住……」

小萌微笑著給我們看一張明信片，上面印著她和國中同學的合照。是導師寄給大家的，小萌很珍惜這張明信片。

「這是我們國一時的合照，導師寄來的，雖然拍得有點糊。這個老師非常好。我跟這個女生感情最好，跟朋友在一起很快樂。嗯，我不想忘記他們，這是我的回憶，我不想忘記老師和同學們的樣子。我還是想回去上學，看到這張照片，我就想回去。」

母親不回來，「生命線就中斷了」

「網咖家庭」的出現，可說是貧困「代間傳遞」的象徵。

母女三人在來到這裡之前，過著什麼樣的生活？

我們決定去看看她們以前住的地方。但姊姊彩香只推說：「過去的事情，我已經不記得了，或許是因為我自己想刪去那段記憶。」

無奈之下，我們只能根據彩香的零星記憶，看著地圖慢慢找，如附近有什麼樣的店、離車站多遠、附近好像有座公園等。

皇天不負苦心人，我們終於找到了她們三年前的住處。

彩香、小萌和母親當時住的房子，如今是空屋。為了不讓人亂投小廣告，郵箱的投信口以膠袋封死，電表也一直停著。幸運的是，當時的鄰居還在。

我們按了門鈴後，屋裡傳來響亮的女聲回應。聽我們說明來意，她說：「哎呀，是嗎？彩香還好吧？我一直都很擔心她。」

鄰居對彩香和小萌的事記得很清楚。

「我也是單親媽媽，兩家的家庭環境一樣。我還清楚地記得我和她媽媽說好了，工作忙的時候互相照應。但是後來她媽媽中途消失了，這兩姊妹可沒少受苦啊。」

彩香的母親在離婚後，做過護理助理，工作很忙，而且經常加夜班。漸漸地，扶養孩子和工作這兩座大山壓垮了她，生活一路貧困下去。

「有一次，我看到她們家的電表停了，感到很奇怪。不久，彩香就來我們家問能不能借用一下電話、能不能借一點醬油。問她媽媽怎麼了，她也不說，我就把別人送的橘子汁什麼的給她們。沒過多久，姊妹倆也悄悄地消失不見了。」

據說彩香的母親沒有向旁人和政府部門尋求援助。

她們當時的生活情形，也成為我們與彩香姊妹倆的訪談話題。是妹妹小萌突然說起的。

「有一次，生命線中斷了。家裡一片漆黑，屋子裡什麼都沒有。當時我上小學，回家最早，只能一個人坐在黑漆漆的房間裡。」

「生命線中斷了」，這種形容並不常見，也不適合一個十四歲的女孩說。

「家裡什麼吃的都沒有嗎？」我們繼續問下去，接著，姊姊像打開話匣子似的滔滔不絕地講了起來。

「沒有。就算有米，沒有電也煮不了飯。妹妹當時上小學，是義務教育，去學校有飯吃。而我上高中，必須帶便當，我在學校基本上都是看著別人吃飯。在變成這樣之前，家裡就很窮。別人可以要家裡買的東西，我買不了。這種情況很多，我決定不對媽媽說，只是心裡想想就算了。但是，最後媽媽漸漸地連家都不回，感覺是已經放棄照顧我們了。」

這不是現實版的《無人知曉的夏日清晨》嗎？

《無人知曉的夏日清晨》這部電影是導演是枝裕和的作品，二〇〇四年上映，以真實社會事件為題材，講述母親丟下五個孩子不管的故事。主角是十四歲的柳樂優彌，演技大獲好評。

沒想到，同樣的事情竟然再度發生在現實中。而且後來的情況變得更嚴重，我們從未在採訪中受到如此大的衝擊。

「我想過不怕肚子餓的日子。」

是從哪一個轉折點開始變成這樣的？我們陷入深深的痛苦，不能自拔。而讀到了一篇文章後，更是淚如雨下。

那是彩香在小學六年級時寫的作文，題目是〈我的夢想〉。

我的夢想是將來和朋友開一家能給人們帶來快樂的小店。我希望在自己的店裡，每一個人都面帶微笑，盡情享受。

媽媽每天為了我們，早出晚歸地工作，雖然很累，但她仍然盡職盡責地為我們做飯、做家事，因此我想讓媽媽過更富裕的生活。

「咔！」在寂靜的網咖房間裡，平時不會在意的開罐聲刺入耳中。這天，姊妹倆吃的是之前促銷時買的存貨，鮪魚罐頭。

「我想過不怕肚子餓的日子。」這就是姊妹倆的願望。

「想吃什麼？」我們問。姊姊彩香努力思考著，同時答道：「吃什麼呢？嗯……嗯……火鍋。媽媽曾經煮火鍋給我們吃。」

「那是小時候。」妹妹小萌插嘴道。

「但是，那是媽媽最後一次做飯給我們吃，是很久以前的事了。最後一次做飯給我們吃是三、四年前。煮火鍋那天，媽媽也在，因為是大家圍著桌子一起吃，所以印象最深。」彩香回憶道。

「無論對人生，還是社會，我早已什麼也不期待了。」

「你有沒有什麼夢想？」

「沒有。怎麼說呢，我也不記得有沒有夢想了。就算有什麼期待，也會認為反正實現不了，所以從一開始就不抱什麼期望。我對自己的人生沒有什麼期待，對這社會也是一樣。我已經不對任何事情有期待了。現在我覺得只要能過普通人的生活就夠了。我不想再過這種日子。只要是普通的生活，我就心滿意足了。能有一個可以回去的家，早上起床去上學或者上班，然後回家，像這樣普普通通的就行了，能夠正常上學，和朋友們一起玩。到了這地步，我只能認命。這是自我安慰。否則我就會不想工作，甚至連活都活不下去。」

在和我們的談話中，彩香曾經這樣說過，還說對我們傾訴後，心情輕鬆許多。

「我平常和妹妹也不會談這麼深入的話題。周圍的人雖然告訴我有什麼事情說一聲，但是我也說不出口，因為結果還是得靠自己，不講也沒影響。可是像這種情況，採訪結束了，也就沒什麼瓜葛了。怎麼說呢？什麼都可以提。所以講完後，心情會輕鬆不少。謝謝你們了。」

不知道該如何是好，又找不到人商量——彩香獨自承受著這一切。說真的，「謝謝」這兩個字，讓我們不知如何以對。

在便利商店打工的彩香，就跟普通的十九歲女孩沒有什麼區別。如果能再回去上學，小萌也一定能恢復笑容，跟朋友一起玩。

兩人到了現在這種處境，並不是她們的責任，只要不承接傳自父母的貧困，在某處將其截斷，就絕不會是今日這種局面。

不過，現在也不遲，姊妹倆還年輕。跟她們談話時，我們就在想，只要有好的環境，她們也能過普通人的生活。如今她們到了青少年安置機構，與專業工作人員一同站上重啟人生的起點。

我們衷心期盼，有一天，姊妹倆能恢復往日的笑容，並肩走在大街上。

第七章　解決辦法在哪裡？

文◎宮崎亮希（ＮＨＫ報導局社會節目部導播）

【幼教專校入學前，展露笑靨】

友美．19歲

──「我想和朋友們互相幫忙，一起快樂地度過這段日子。」

從二〇一四年一月的「現代特寫」到四月的專題報導，友美（見第一章）接受了近半年的採訪。雖然不大自在，但她還是在鏡頭前展現真實的生活情況，以及她對於生活的各種想法。

直到現在我仍認為，如果沒有她的合作，節目就做不成。

初遇友美時，她的表情非常疲憊。雖然她決定上幼教專校，但每天都要打工，而且還沒有想好如何籌措學費。我記得不管面前有沒有攝影機，她基本上都沒有露出過笑容。

「現代特寫」節目播出「看不見明天——日益加劇的年輕女性貧困」專題報導時，邀請民間援助組織「融合網橫濱」的負責人、臨床心理師鈴木晶子女士擔任現場來賓。

在節目正式開始前，會先請來賓看報導影片。鈴木女士看完後，讚揚道：「她真的很拚啊！」

主持人國谷裕子看完後也說：「首先我想對友美說：『你已經很努力了。』」這句話最後在節目中播出。

鈴木女士指出，一邊打工、一邊念完函授高中，並繼續升學，這是非常不容易的。許多人都因為每天忙於打工而逐漸荒廢學業，最後選擇放棄。友美不僅要打工和念書，還須承擔家務，她的努力遠超乎我們的想像。她在身體與精神上，一定都相當疲憊。

在為專題報導進行第二次採訪時，友美的表情發生了變化。

開學在即，我們拍攝到她準備學用品的情景。

我們來到她住的地方，房間窗框上掛著開學典禮穿的西裝，花了一萬日圓，真是一筆不小的開銷。因為錢不夠，黑包包是借來的。

友美・19歲：「我想和朋友們互相幫忙，一起快樂地度過這段日子。」

友美還想買些新文具，我們也一同前往。預算是兩千日圓，雖然想盡量省著用，但是品質必須是能夠接受的，所以友美很掙扎。在超市買不下手，又轉到百元商店，才買齊筆袋和資料夾。

展示給我們看時，她真的很高興，我還記得當時跟責任編輯說這個畫面一定要留著。這或許是我們第一次看到友美表現得像個十幾歲的孩子。也讓我體會到對未來充滿希望，原來會讓一個人如此有活力。

但是另一方面，我們還有一個抹不去的隱憂，就是記者村石小姐在第一章寫到的學費問題。友美是念某個教育集團經營的專科學校。這個集團還擁有很多不同的專校，開學典禮一同在「武道館」舉行。

我們看了學校的介紹手冊。學費繳納分為好幾種方式，友美選的是入學金五萬日圓的課程。繳了五萬入學金之後，每個月的學費是靠學貸和自己賺的錢。

「外公寄給我五萬日圓入學金。學費每個月大概是八萬吧，我先借五萬學貸，剩下的三萬五自己付。」

三年的學費總共是三百多萬日圓。雖然初期的費用低，但是用了學貸，花費反而增加了。學貸屬於教育貸款。友美要打工養活家人，連存錢都很難，開學後，每個月還多了三萬五千日圓的負擔。

一想到以後她每天得不停地打工，難得的喜悅氣氛也蒙上了一層陰影。

一切都只能憑個人的努力嗎？

終於快要開學了，我們的擔憂卻更加強烈。因為第一章也提到過，友美想要提高學貸金額。向學校申請的學貸，每個月最多可以借十二萬日圓。友美想要借高額學貸，而勸她這樣做的正是她的母親。

在借來的十萬日圓中，其中八萬用來繳學費，剩下的存起來，用作上學的交通費、學校的研修旅遊費等。

對於經濟拮据的家庭來說，如何籌措出緊急花費和學校的活動費，真的很令人頭痛。我們也能理解母親想要盡可能地多借點錢以增加手頭資金的想法。友美自己也說想要減少打工時間，專心念書。

到現在她不但兼顧了讀書和工作，還照顧家人，這樣的日子的確太辛苦。雖然知道畢業後要還，但是定期有固定的收入，能讓友美的內心更安定。

然而，一想到學貸光本金就有四百多萬日圓要還，我們實在無法輕鬆恭喜她。

如今，拖欠學貸還款已成為嚴重的社會問題。在此有一組二〇一二年的數據可參考，來自全日本最大的學生協助機構，為學生提供有息與無息的學貸：拖欠學貸超過三個月未還者有十九萬四千人；其中，年收入未滿兩百萬者占百分之四十五。雖然當事人各有苦衷，但是即使借了學貸升學，以後工作了也未必能有足夠的收入來還錢。事實上，有許多人都為了償還學貸而苦惱。

記者村石小姐也跟友美談起，她採訪到的女性為了還學貸而苦惱的故事，請她再好好考慮，但友美仍然決定要提高學貸。

「我想和朋友們互相幫忙，一起快樂地度過這段日子。」

她既要賺生活費和學費，又要照顧妹妹、料理家事，連國中畢業旅行都沒去成。借學貸能讓自己脫離學費的困擾，並且有餘力去享受當一個學生的快樂，這對於友美來說，一定是再好不過的事情了。想到這幾點，我們也就沒有繼續勸她。

友美很享受學校生活，不僅念書、準備考證照，還參加合唱團，課外生活也很充實。念專校之前，原本她打算早晚都打工，現在只有白天做幾個小時。她說能跟朋友一起出去玩，真的很開心。

「『自立』就是自己獨立做各種事情。投身於社會，靠自己的力量，在社會上站穩腳步。」這是友美過去在採訪中說過的話。她用「在社會上站穩腳步」來形容自立。

在現今社會，想要安穩地過日子是多麼困難，這一點友美深有體會。已經十二分努力的友美，想必今後也必須不停地忙碌，才能支撐家人和償還學貸。

我們真的可以將所有責任都推卸給這些默默努力的人嗎？

友美・19歲：「我想和朋友們互相幫忙，一起快樂地度過這段日子。」

【「網咖家庭」報導播出後，回響熱烈】

彩香與小萌姊妹倆，後來呢？

——「我無法對一個已經非常努力的人說加油……」

我們有必要聊一聊在網咖生活的彩香、小萌和母親後來的情況。觀眾對於她們的意見與感想最多，雖然內容千差萬別。

節目開播十分鐘後，電話便接連響起，六名工作人員忙於回應，連節目都沒時間看。

我接到一位大約三、四十歲的男性觀眾打來的電話，他說：「這種內容，我無法接受。」語氣聽起來絕不是在發怒。他指的是彩香姊妹倆的生活費。他說節目裡提到了網咖的花費，在網咖住一個月所需的開銷不少，說她窮，不是很奇怪嗎？

有一位大學男老師說，他在上課時播放這個節目，學生們指出網咖的費用不合理，應該有更好的選擇吧。

關於彩香姊妹倆的事情，站在保護個人隱私的立場，我們能提供的資料有限。應該要如何回答，我也很煩惱。在此，刊出我回信的部分內容。

關於您對於網咖住宿費的疑問，節目播出後，我們也收到許多相同的意見，也就是能負擔得起這些花費的人，能否說是處於貧困狀態。

彩香過著這種生活，背後有很多原因。

僅靠她的收入是完全不夠的，而不夠的部分則向母親借錢周轉。她母親的工作也不穩定，由於她拒絕接受採訪，所以詳細情況，我們不得而知。

對於在採訪過程中所遇到的女性，她們的生活方式，我們也並不覺得合理，但是現實中的確存在這樣的人。她們有的是從小連如何正常生活都沒學會；有的是受到伴侶家暴，只能在不利的條件下生存；還有人因為憂鬱，連重新開始生活的勇氣都沒有。

貧困不僅指的是沒有錢，也指缺乏教育、資訊等資源的狀態。這是我在採訪結束後的感想。

更何況，即使她們所處的狀態在我們看來不合理，但是對於一部分人來說，單靠「努力」要能掙脫的難度非常高，這一點還請大家一定要多多理解。

網咖裡的生活是我們難以想像的。

半坪大小的空間，勉強能夠伸開腿躺下，再加上日用品和行李箱，就顯得非常擁擠。錄影時，能聽見隔壁鼾聲如雷，甚至蓋過了彩香的說話聲，有時不得不暫停錄影。還有醉客因為噪音而起爭執，大打出手，連警察都出動了。上個廁所也會被陌生男人搭訕。走廊上不斷有人走來走去，她們只能在這種情況下換衣服、洗澡、睡覺。

您能說這種生活不貧困嗎？如果有錢，就不會選擇這樣的生活。

我到現在仍忍不住想，彩香和小萌這兩個才十幾歲的女孩，一直過著這種生活，她們的痛苦又有多深？

彩香受到的傷害

如今，兩姊妹分別在不同的地方展開新生活。妹妹小萌離開了青少年安置機構，進入一家兒童安置教養機構。彩香為了自立，生活在有專業人員常駐的單位。姊妹倆終於有了援助。我樂觀地以為不久之後，彩香就能自立新生了。

四月決定從網咖搬出來後，彩香的表情變得開朗起來，她說將來想租個房子和妹妹一起過。偶爾發來的訊息也說，她和朋友去看喜劇演出。我想，她正逐步找回安穩的日子。當初在那樣惡劣的環境中，她都能不停地打工，這次她一定能夠成功。

然而，網咖生活對彩香造成的傷害遠比我以為的嚴重。她時而因憂鬱加重而失眠，時而想起母親和其他親人說的話，情緒低落。再加上嚴重厭食，瘦了十幾公斤，還曾幾次住院治療。

再次見到暴瘦的彩香時，我有了另一個想法：原來她能在那種狀態中活下來，就已經是奇蹟了。

要想治癒她長期以來在生活中所受到的傷害，大概還需要很長的時間吧。如今每次傳訊息時，我都在想要如何安慰她。

我無法對一個已經非常努力的人說加油。我甚至想說「你已經不用再努力了」。總之，要好好休息，等身體完全康復，再充分享受眼下這快樂的時光。如果能夠一點一點找回失去的東西，她也一定會珍惜今後漫長的人生旅途。工作以後再努力也不晚。

我這樣想，錯了嗎？

這些問題，絕不是現在才發生

「現代特寫」的專題報導「看不見明天——日益加劇的年輕女性貧困」，回響熱烈，節目網頁的瀏覽量超過六十萬人次。

後來播出「調查報告：女性貧困——代間傳遞的衝擊」，我們也在推特上收到許多留言，觀眾們寄來很多電子郵件和實體信件。

老實說，雖然我也做過採訪，但是沒想到「現代特寫」會引起這麼大的回響。

到目前為止，我們的採訪都是關注某個點，如虐兒、意外懷孕等問題。而這項專題報導是由這些點往外延伸，描述隱藏在這些「點」背後的共同問題——「貧困」。引起這麼多關注，著實令人吃驚，同時也成為我們繼續採訪此議題的巨大動力。

「女性貧困」被稱為「看不見的貧困」，以上這兩項專題報導，呈現了我們採訪人員發現此一現象的過程。我們透過各種管道而訪談的女性們，所述說的內容超乎想像。我們定睛尋找那「看不見的」，進而認知到在路上來來往往的女性當中，「貧困」的情況確確實實存在。

她們絕不將困窘表露在外，就像身穿白色蓬裙洋裝、每天去便利商店打工、住在網咖的彩香，和總是妝容精緻、工作幹練，在家卻只靠冰咖啡果腹的小愛。

女性貧困的情況的確難以被發現。然而一直以來，我們又是否想要去看見？

日本女性很難達成經濟獨立，這在很久以前便已是眾所周知。兩性之間的薪資差別、女性非典型僱用的比例居高不下、有工作的單親家庭貧窮率為世界之最，這些都絕不是現在才發生的問題。

女性走向社會的同時，社會保障體系在崩塌

在此，我想引用節目來賓中央大學宮本太郎教授所說的話：

女性與兒童的貧困問題，至今一直都存在。在男性正式員工的工作穩定、能夠養活妻兒的時代，這個問題並未被重視。但是，如今這類穩定的僱用狀態被打破，男性正式員工一旦失業、生病或者死亡，他們的妻兒馬上就陷入貧困。

回顧過往，隨著女性能夠參與社會的條件逐步完備，將女性捲入嚴重貧困景況的條件也形成。例如，一九九九年制訂的《男女共同參與社會基本法》、同年制訂的《男女僱用機會均等法》，都創造了女性能夠健康工作、發揮所長的環境。

但在同年也修改了《勞動者派遣法》，使得基本上每個行業都可以派遣員工。也就是說，非典型僱用的普遍化也在同時進行。

在過去，人們經常把女性升職的障礙稱為「玻璃天花板」，所以對於女性來說，這個天花板的確消失了。但與此同時再看看腳下，社會保障體系的安全網也崩塌了。果然在同一時期，單親家庭大量湧現，從這點來看，家庭這個安全體系也崩塌了。

因此對於部分女性來說，玻璃天花板確實不存在了，她們可以抓住機會在社會上大展身手。然而，卻有更多女性因而陷入貧困，我們需要注意這個現象。

目前在大約一千九百萬名非典型僱員中，女性占百分之七十。待遇得不到改善、收入未滿兩百萬日圓者，竟有八百萬人。即使其中包括做短期工、打零工的專職家庭主婦，那麼若丈夫去世或離婚時，她們能否順利地轉成正式員工？現實中是非常困難的。

儘管女性周圍的環境發生了變化，但前提仍然是她們需靠上班的父親或丈夫等男人養活。讓女性以單獨個體生存的社會結構，發展得還不夠充分。

從這個現況可以看出，「女性貧困」這個問題，人們不是看不見，而是一直被忽略。

社會能否更往前進的「分岔點」

對於這種情況，宮本教授做出了以下的分析：

維持我們生活的「工作」、「家庭」與「社會保障」這三大支柱，每一根都在晃動。從報導所見的女性貧困現象說明了，實際上，年輕的、特別是單身女子，受到這三根搖晃的支柱打擊最大。

部分女性從事的非典型僱用工作，是在丈夫有固定收入的前提下，為了增加、貼補家用所做。然而，如今非典型僱用的意義變了，她們必須依靠這份收入生活。尤其是帶著小孩的母親，即使與別人同屬於非正職，她們卻必須在工作水準、待遇等皆非常苛刻的條件下工作。

接著是家庭支援的動搖。即使有工作，職場也很殘酷，因此，部分女性還是想在家裡當專職太太。根據官方所做的「男女共同參與社會」意見調查，回答「想要待在家裡」的女性反而增加。然而，在男性薪資也在下降的情況下，結婚解決不了麵包問題。另外，兩性的收入都降至無法結婚的低點，這也是家庭支援動搖的原因。

第三個是社會保障問題。現在日本的社會保障是以「男人賺錢養家」的形式為基礎，以年金為中心，支付給高齡人口家庭。如今，此形式已遭破壞，特別是援助單身年輕女性的預算非常少，她們肩負著保險金的負擔，尤其社會保障金是「逆進型」：收入愈低，負擔相對就愈重。儘管她們都有工作，卻也為繳納健保費而苦惱。我覺得可以這樣說，被工作、家庭與社會保障的不穩定狀態打擊得最嚴重的，就是年輕女性。

如今，政府以強化女性就業作為發展方向，我覺得這非常重要。事實上，就連IMF（國際貨幣基金組織）這樣的國際組織，也建議日本提高女性就業率，以促進經濟成長。

女性就業會促進經濟成長，是指女性有了收入，進而提高了家庭購買力，而女性自身的能力也有所提升，在這種良性循環下，經濟才能成長。

然而，節目中所見的女性勞動方式，與前面所述的就業情況相差十萬八千里。

但是，在此也有化危機為轉機的可能。女性朋友們紛紛表示想要找一份工作，過普通人的生活。我們可以透過協助她們，創造出能夠促進經濟成長的就業環境。

相反地，如果置之不理，女性將在非常嚴峻的狀況下老去，比如除了靠低收入戶補助，別無出路，或者情況變得更嚴重，直接導致孩子陷入貧困。兒童貧困是在人道主義和道德上，都不能棄之不顧的問題。同時，為了讓國家一直有活力，解決這個問題變得非常重要。

我們是要全力支持這些女性的想法？還是對現實視而不見？

如今，我們正站在日本社會能否更往前進的分岔點。

【後記】

她們在人生起點，就被剝奪了夢想與希望

文◎三村忠史（NHK報導局社會節目部總製作人）

本書收錄了以下四個節目未曝光的訪談內容：

・二〇一三年二月播出的「早安日本：不被期待的懷孕——女性面對的現實」。

・二〇一三年七月，地方臺播出的寫實紀錄片「她們的分娩——二〇一三年某孕婦宿舍日誌」。

・二〇一四年一月，「現代特寫」的「看不見明天——日益加劇的年輕女性貧困」專題報導。

・二〇一四年四月份的「女性貧困——代間傳遞效應」專題報導。

無論主題設定為何，在製作過程中，我們聽見許多令人動容的「心聲」。報導類節目在直播新聞中排序靠後，從某種意義上而言，我們的作用就是盡量蒐集那些在一般新聞報導中，不會播出的「心聲」。

這樣說一點也不誇張，這些話語，有些成為工作人員奔波採訪的動力，有些則在後來成為節目的核心內容。

「前言」和「第一章」所介紹的十九歲女孩，一早到便利商店打工，同時也在上函授高中。

正是她的心聲，激發了工作人員的報導動力，並成為節目核心。

「我哪裡還有什麼理想啊。硬要說有的話，就是想擺脫眼前的困境，不用再擔心餓肚子吧。」她以一種無望的表情說。

因此，我們決定剖析現今的社會狀況，挖掘是什麼讓一個十九歲的女孩，不得不以這樣的口吻說話。這個意念，成為工作人員進行採訪的動力。

於是，浮出水面的是：

上一代的貧困向下一代「代間傳遞」，並形成階級僵化，其中，以年輕女性所受的影響最大。

●

在節目製作過程中，我也聽到令我始終念念不忘的箴言，就是主持人國谷裕子的感想。

到二〇一四年夏天為止，「現代特寫」已播出超過三千五百集。每回在正式開播的前一天，我們都會與國谷女士進行試播和討論，稱為「前日試播」。每集的主題都不一樣，三千五百集，就是經過閱讀龐大資料的主持人國谷女士與採訪記者的討論，一次又一次累積而成的。

在前日試播中，由於討論深度加大，節目定調有時會突然轉彎。我參與這個節目十年了，前日試播的緊張感一點也沒有減少過。

「看不見明天——日益加劇的年輕女性貧困」的前日試播也是如此。我們討論了許多問題，如：對於貧困問題的回溯視野是否過於狹隘？剖析問題的力度是否仍太薄弱？是否過於袒護採訪對象？……

「回想起自己以前，十幾歲到二十五、六歲那時候，正是充滿夢想與希望的年紀，就算遇到了不開心的事情，也可以跟朋友互相傾訴，嘻嘻哈哈笑得很開心。那是人生中最閃耀、最燦爛的日子。在可說是人生起點的年紀，究竟是什麼樣的社會，讓這些年輕女孩失去了夢想與希望？」

原本應該是最發光的年紀，卻在人生起點就被剝奪了夢想與希望。這到底是什麼樣的社會？

怎麼做，才能使她們重拾希望和夢想？

●

早上在便利商店打工的十九歲女孩，利用學貸讀幼教專校。

開學典禮前日，她一改往日的漠然，開朗地說：「以後我要用功念書。我會跟朋友們互相鼓勵，開開心心地過每一天。」就連近半年來一直追蹤採訪的記者也感慨萬千。

雖然國中畢業後，一直生活在極度艱苦的環境中，但是她仍然憑著自己的努力，勇往直前。

「抱著『總有一天我們能過好日子』的信念，又開始夜以繼日地工作。」

節目最後，我們以她說的這句話作結。

●

節目播出後，我們受到長期研究貧困問題的專家等人嚴厲批判：

「不是有低收入戶補助之類的方法，可以用來重建生活嗎？」

「以為靠自己就可以，這樣想本來就很奇怪。」

我們絕不是在歌頌女性靠自己就好。但是，我們沒能多角度地具體提出解決方法，也是不爭的事實。

如何才能讓貧困女子再次擁有夢想與希望？社會需要怎麼做？

在系列報導結束後，這些疑問依然困擾著我們。為了尋找答案，工作人員們再度踏上新的採訪之路。

國家圖書館預行編目資料

女性貧困：負貸、漂流、未婚單親，陷入惡性循環的貧困女子/日本NHK特別採訪小組著；李穎譯.
-- 初版. -- 臺北市：寶瓶文化事業股份有限公司,
2021.05　面；　公分. -- (Vision；210)
譯自：女性たちの貧困："新たな連鎖"の衝撃
ISBN 978-986-406-236-2(平裝)
1.女性 2.貧窮 3.日本
544.5931　　110005678

寶瓶 文化事業股份有限公司 AQUARIUS

Vision 210

女性貧困

——負貸、漂流、未婚單親，陷入惡性循環的貧困女子

作者／日本NHK特別採訪小組　譯者／李穎

發行人／張寶琴
社長兼總編輯／朱亞君
副總編輯／張純玲
資深編輯／丁慧瑋　編輯／林婕伃
美術主編／林慧雯
校對／丁慧瑋・陳佩伶・劉素芬
營銷部主任／林歆婕　業務專員／林裕翔　企劃專員／李祉萱
財務主任／歐素琪
出版者／寶瓶文化事業股份有限公司
地址／台北市110信義區基隆路一段180號8樓
電話／(02)27494988　傳真／(02)27495072
郵政劃撥／19446403　寶瓶文化事業股份有限公司
印刷廠／世和印製企業有限公司
總經銷／大和書報圖書股份有限公司　電話／(02)89902588
地址／新北市五股工業區五工五路2號　傳真／(02)22997900
E-mail／aquarius@udngroup.com

著作完成日期／二〇一四年
初版一刷日期／二〇二一年五月
初版二刷日期／二〇二一年五月十一日
ISBN／978-986-406-236-2
定價／三五〇元

AQUARIUS 寶瓶 文化事業

愛書人卡

感謝您熱心的為我們填寫，
對您的意見，我們會認真的加以參考，
希望寶瓶文化推出的每一本書，都能得到您的肯定與永遠的支持。

系列：Vision 210　**書名：女性貧困——負貸、漂流、未婚單親，陷入惡性循環的貧困女子**

1.姓名：＿＿＿＿＿＿＿＿　性別：□男　□女

2.生日：＿＿＿年＿＿＿月＿＿＿日

3.教育程度：□大學以上　□大學　□專科　□高中、高職　□高中職以下

4.職業：＿＿＿＿＿＿＿＿

5.聯絡地址：＿＿＿＿＿＿＿＿＿＿＿＿＿＿＿＿＿＿＿＿

聯絡電話：＿＿＿＿＿＿＿＿　手機：＿＿＿＿＿＿＿＿

6.E-mail信箱：＿＿＿＿＿＿＿＿＿＿＿＿＿＿

□同意　□不同意　免費獲得寶瓶文化叢書訊息

7.購買日期：＿＿年＿＿月＿＿日

8.您得知本書的管道：□報紙／雜誌　□電視／電台　□親友介紹　□逛書店　□網路

□傳單／海報　□廣告　□其他

9.您在哪裡買到本書：□書店，店名＿＿＿＿＿＿　□劃撥　□現場活動　□贈書

□網路購書，網站名稱：＿＿＿＿＿＿＿＿　□其他＿＿＿＿＿＿

10.對本書的建議：（請填代號　1.滿意　2.尚可　3.再改進，請提供意見）

內容：＿＿＿＿＿＿＿＿＿＿＿＿

封面：＿＿＿＿＿＿＿＿＿＿＿＿

編排：＿＿＿＿＿＿＿＿＿＿＿＿

其他：＿＿＿＿＿＿＿＿＿＿＿＿

綜合意見：＿＿＿＿＿＿＿＿＿＿＿＿＿＿＿＿＿＿＿＿＿＿＿＿

11.希望我們未來出版哪一類的書籍：＿＿＿＿＿＿＿＿＿＿＿＿＿＿＿＿

讓文字與書寫的聲音大鳴大放

寶瓶文化事業股份有限公司

（請沿此虛線剪下）

廣 告 回 函
北區郵政管理局登記
證北台字15345號
免貼郵票

寶瓶文化事業股份有限公司 收

110台北市信義區基隆路一段180號8樓

8F,180 KEELUNG RD.,SEC.1,

TAIPEI.(110)TAIWAN R.O.C.

（請沿虛線對折後寄回，或傳真至02-27495072。謝謝）